Racconti in Lituano

Racconti in Lituano per principianti e intermedi

Ramunas Backus

Contenuti

Introduzione

La lettura di una lingua straniera è uno dei modi più efficaci per migliorare le competenze linguistiche e ampliare il vocabolario. Tuttavia, a volte può essere difficile trovare materiali di lettura coinvolgenti e di livello adeguato, che diano una sensazione di realizzazione e di progresso. La maggior parte dei libri e degli articoli scritti per i madrelingua può essere troppo lunga e difficile da capire, oppure può avere un vocabolario di livello molto alto, per cui ci si sente sopraffatti e si rinuncia. Se questi problemi vi suonano familiari, allora questo libro fa per voi!

Racconti Brevi in Lituano è una raccolta di 25 racconti non convenzionali e divertenti pensati per aiutare gli studenti di livello da principiante a intermedio di Lituano a migliorare le loro competenze linguistiche.

Questi racconti creano un ambiente di lettura di supporto, includendo;

- Ricchi contenuti linguistici in diversi generi per intrattenere l'utente ed esporlo a una varietà di forme di parole.
- Storie brevi in capitoli per darvi la soddisfazione di finire le storie e progredire rapidamente.
- Testi scritti al vostro livello in modo da essere più facilmente comprensibili e non opprimenti.
- Traduzione italiana a pagine alterne per potervi fare riferimento direttamente riga per riga durante la lettura della storia Lituano.
- I vocaboli chiave sono stampati in grassetto lungo tutta la storia e la traduzione per aiutare a capire meglio le parole non familiari.

- Domande di comprensione per testare la comprensione degli eventi chiave e per incoraggiare la lettura più approfondita.

Se volete ampliare il vostro vocabolario, migliorare la vostra comprensione o semplicemente leggere per divertimento, questo libro è il più grande passo avanti che farete nei vostri studi quest'anno. I Racconti Brevi in Lituano vi daranno tutto il supporto di cui avete bisogno, quindi sedetevi, rilassatevi e lasciate correre la vostra immaginazione mentre venite trasportati in un magico mondo di avventura, mistero e intrighi - in Lituano!

Come utilizzare questo libro

La lettura è un talento difficile da padroneggiare. Nella nostra lingua madre usiamo una serie di micro-abilità per aiutarci a leggere. Ad esempio, possiamo sfogliare un brano per avere una comprensione approssimativa del contenuto. Oppure potremmo sfogliare numerose pagine di un orario ferroviario alla ricerca di un orario o di un luogo specifico. Mentre queste micro-abilità sono una seconda natura quando leggiamo nella nostra lingua madre, la ricerca rivela che spesso dimentichiamo la maggior parte di esse quando leggiamo in una lingua straniera. Quando si impara una lingua straniera, di solito si parte dall'inizio di un testo e lo si sfoglia, cercando di capire ogni singola parola. Inevitabilmente, ci imbattiamo in termini sconosciuti o complessi e ci infastidisce l'incapacità di comprenderli.

Uno dei maggiori vantaggi della lettura di una lingua straniera è quello di essere esposti a un gran numero di frasi ed espressioni che vengono utilizzate nelle situazioni quotidiane. La lettura intensiva è un termine usato per descrivere la lettura per piacere al fine di imparare una lingua. Non è come la lettura di un libro di testo, quando le conversazioni o i testi sono concepiti per essere letti lentamente e con attenzione con l'obiettivo di comprendere ogni parola. La "lettura intensiva" si riferisce alla lettura effettuata per raggiungere obiettivi di apprendimento specifici o per completare compiti. In altre parole, la lettura approfondita dei libri di testo di solito favorisce l'apprendimento di regole grammaticali e di un vocabolario particolare, mentre la lettura intensiva di storie favorisce l'apprendimento del linguaggio naturale.

I Racconti Brevi in Lituano vi offriranno l'opportunità
di conoscere meglio la lingua naturale Lituano in
uso, anche se forse avete iniziato il vostro percorso
di apprendimento delle lingue esclusivamente con
i libri di testo. Ecco alcuni suggerimenti da tenere
a mente mentre leggete le storie di questo libro
per trarne il massimo beneficio: Quando si tratta di
leggere, il divertimento e il senso di realizzazione sono
fondamentali. Si continua a tornare perché ci si diverte
a leggere. Leggere ogni storia dall'inizio alla fine è il
metodo migliore per godersi le storie e sentirsi realizzati.
Di conseguenza, la cosa più importante è arrivare alla
fine di una storia. È più importante che conoscere ogni
singola parola.

Più si legge, più si acquisisce conoscenza. Se si leggono
libri più grandi per piacere, si acquisisce rapidamente
una conoscenza di come funziona la Lituano. Tuttavia,
tenete presente che per ottenere tutti i benefici della
lettura estensiva, dovete prima leggere un volume
sufficientemente consistente. Leggere qualche pagina
qua e là può insegnare qualche parola nuova, ma non
farà una differenza significativa nel livello generale di
Lituano.

Accettate il fatto che non riuscirete a comprendere tutto
ciò che leggete in un romanzo. Questo è, senza dubbio,
il punto più cruciale! Ricordate sempre che non capire
tutte le parole o le frasi è assolutamente accettabile.
Non significa che le vostre competenze linguistiche
siano inadeguate o che il vostro rendimento sia scarso.
Indica che state partecipando attivamente al processo di
apprendimento.

Guida alla lettura

Per trarre il massimo beneficio dalla lettura di Racconti Brevi in Lituano, è meglio seguire questo semplice processo di lettura in sei fasi per ogni capitolo dei racconti:

1. Leggete il titolo del capitolo. Pensate al tema della storia. Poi leggete la storia fino in fondo. Il vostro obiettivo è semplicemente quello di arrivare alla fine della storia. Pertanto, non fermatevi a cercare le parole e non preoccupatevi se ci sono cose che non capite. Cercate semplicemente di seguire la trama.

2. Quando arrivate alla fine della storia, scrutate la traduzione italiana per vedere se avete capito cosa è successo e per cogliere il contesto che vi è sfuggito.

3. Tornate indietro e rileggete la stessa storia. Se volete, potete concentrarvi di più sui dettagli della storia rispetto a prima, ma altrimenti leggete semplicemente un'altra volta.

4. Successivamente, leggete le domande di comprensione in Lituano per verificare la vostra comprensione degli eventi chiave della storia. Se non capite completamente le domande, non preoccupatevi. Utilizzate le vostre conoscenze per rispondere al meglio.

5. A questo punto dovreste aver compreso gli eventi principali del capitolo. In caso contrario, potreste rileggere il capitolo alcune volte utilizzando la traduzione per controllare le parole e le frasi sconosciute fino a quando non vi sentirete sicuri.

Una volta che siete pronti e sicuri di aver capito cosa è successo - che sia dopo una o più letture della storia - passate alla storia successiva e continuate a godervi la storia al vostro ritmo, proprio come fareste con qualsiasi altro libro.

Solo una volta completata una storia nella sua interezza, si può pensare di tornare indietro e studiare il linguaggio della storia in modo più approfondito, se lo si desidera. Oppure, invece di preoccuparvi di capire tutto, prendetevi del tempo per concentrarvi su ciò che avete capito e congratularvi con voi stessi per quanto avete fatto.

Racconti in Lituano

Ramunas Backus

Vilnius

Vilnius, Lietuvos sostinė, yra **gražus** miestas su turtinga istorija. Įkurtas XIII a., per šimtmečius jis patyrė daugybę pokyčių. Šiandien Vilnius - modernus Europos miestas, kuriame gyva kultūra ir yra ką pamatyti bei nuveikti. Vienas iš geriausių dalykų Vilniuje yra jo senamiestis. Šiame į UNESCO pasaulio paveldo sąrašą įtrauktame senamiestyje gausu viduramžių **architektūros** ir grįstų gatvelių. Čia taip pat yra keletas populiariausių miesto lankytinų vietų, įskaitant Katedros aikštę, Gedimino bokštą ir Šv. Jei Vilniuje ieškote ko nors kito, kodėl gi nevažiavus į Uupį? Šis keistas rajonas turi savo konstituciją ir net savo **vėliavą**! Jis taip pat garsėja kaip menininkų kolonija, todėl čia gausu galerijų ir studijų, kurias galima apžiūrėti. Jokia kelionė į Vilnių nebūtų pilna, jei neparagautumėte vietinės **virtuvės patiekalų**.

Lietuva garsėja tamsia rugine duona ir **gardžiais** šaltibarščiais. Čia taip pat rasite daug tradicinių patiekalų, tokių kaip koldūnai, burokėlių sriuba ir silkė grietinėje. Ir, žinoma, joks valgis neapsieina be šlakelio (ar dviejų!) lietuviškos degtinės! Kalbant apie naktinį gyvenimą, Vilniuje kiekvienas ras ką nors sau. Nuo jaukių barų, kuriuose galima paragauti vietinio alaus, iki gyvybingų klubų, kuriuose skamba visi naujausi hitai -

Vilnius

Vilnius, la capitale della Lituania, è una città **bellissima** e ricca di storia. Fondata nel XIII secolo, ha subito molti cambiamenti nel corso dei secoli. Oggi Vilnius è una moderna città europea con una cultura vivace e molte cose da vedere e da fare. Una delle cose più belle di Vilnius è il suo centro storico. Questo sito, Patrimonio dell'Umanità dell'UNESCO, è ricco di **architettura** medievale e di strade acciottolate. Qui si trovano anche alcune delle attrazioni più popolari della città, come la Piazza della Cattedrale, la Torre di Gediminas e la Chiesa di Sant'Anna. Se cercate qualcosa di diverso da fare a Vilnius, perché non andare a Uupis? Questo eccentrico quartiere ha una propria costituzione e persino una propria **bandiera**! È anche noto per essere una colonia di artisti, quindi ci sono molte gallerie e studi da esplorare qui. Nessun viaggio a Vilnius sarebbe completo senza provare la **cucina** locale.

La Lituania è nota per il suo pane di segale scuro e per i suoi **deliziosi** salumi. Troverete anche molti piatti tradizionali come gli gnocchi, la zuppa di barbabietole e le aringhe in panna acida. E naturalmente, nessun pasto è **completo** senza un bicchierino (o due!) di vodka lituana! Per quanto riguarda la vita notturna, Vilnius ne ha per tutti i gusti. Dai bar accoglienti che

čia turėsite iš ko rinktis. Tad ko laukiate? Užsisakykite bilietus į Vilnių jau šiandien! Vos atvykęs į Vilnių supratau, kad tai bus **ypatinga** kelionė. Mieste buvo kažkas magiško. Pažintį su Vilniumi pradėjau nuo **senamiesčio**.

Vaikščiojant po Katedros **aikštę** ir grožintis nuostabia architektūra buvo lengva įsivaizduoti, koks gyvenimas čia būtų buvęs prieš kelis šimtmečius. Netgi teko skambinti Šv. Anos bažnyčios varpu - tai tikrai privertė mane pasijusti **turistu**! Po to nuvykau į Uupį papietauti. Šis rajonas pasižymi tokia unikalia atmosfera - čia tikrai nėra nieko panašaus į tai, kur dar nesu buvęs. Maistas čia taip pat nenuvylė: lietuviški **koldūnai** yra labai skanūs! Vėliau nusprendžiau patyrinėti Vilniaus naktinį gyvenimą. Pirmoji mano stotelė buvo jaukus baras "Kablys", kuriame paragavau vietinio alaus. Tada nuėjau į vieną iš miesto klubų pašokti - tai, kas man tikrai nėra natūralu! Tačiau, nepaisant **ritmo** stokos, nuostabiai praleidau laiką tyrinėdama viską, ką Vilnius gali pasiūlyti sutemus.

servono birra artigianale locale ai vivaci club che suonano tutte le ultime hit, qui c'è **l'imbarazzo della scelta**. Quindi cosa state aspettando? Prenotate oggi stesso i vostri biglietti per Vilnius! Non appena sono arrivata a Vilnius, ho capito che questo sarebbe stato un viaggio **speciale**. La città aveva qualcosa di magico. Ho iniziato la mia esplorazione di Vilnius nella **Città Vecchia**.

Passeggiando per la Cathedral **Square** e ammirando la splendida architettura, è stato facile immaginare come sarebbe stata la vita qui secoli fa. Ho persino suonato la campana della chiesa di Sant'Anna, un'esperienza che mi ha fatto sentire una **turista**! In seguito, mi sono recata a Uupis per pranzare. Questo quartiere ha un'atmosfera unica, davvero come nessun altro in cui sia mai stata. Anche il cibo non mi ha deluso: i **ravioli** lituani sono deliziosi! Più tardi, ho deciso di esplorare la vita notturna di Vilnius. La mia prima tappa è stata un bar accogliente chiamato "Kablys", dove ho assaggiato della birra artigianale locale. Poi sono andata in uno dei club della città per ballare, cosa che non mi viene naturale! Ma nonostante la mia mancanza di **ritmo**, mi sono divertita molto a esplorare tutto ciò che Vilnius ha da offrire dopo il tramonto.

Supratimo klausimai

1. Kokia yra Lietuvos sostinė?

2. Kuo garsėja Vilniaus senamiestis?

3. Kas yra Uupis?

4. Kokie yra tradiciniai lietuviški patiekalai?

5. Kas yra Kablys?

6. Kaip autorius jautėsi Vilniuje, kai atvyko?

7. Apie ką autorius galvoja apie Vilniaus senamiestį?

8. Kokia buvo pirmoji autoriaus stotelė Vilniuje?

9. Ką autorius mano apie Uupį?

10. Kas autoriui labiausiai patiko Vilniuje?

Domande di comprensione

1. Qual è la capitale della Lituania?

2. Per cosa è nota la Città Vecchia di Vilnius?

3. Che cos'è Uupis?

4. Quali sono i piatti tradizionali lituani?

5. Che cos'è Kablys?

6. Cosa pensava l'autore di Vilnius al suo arrivo?

7. A cosa fa pensare l'autore il centro storico di Vilnius?

8. Qual è stata la prima tappa dell'autore a Vilnius?

9. Cosa pensa l'autore di Uupis?

10. Qual è la parte di Vilnius che l'autore ha preferito?

Cepelinai

Šįvakar turėjau nuotaiką pasigaminti kažką kitokio, todėl nusprendžiau pabandyti pasigaminti cepelinus. Niekada anksčiau nebuvau girdėjusi apie šį lietuvišką patiekalą, bet skambėjo intriguojančiai. Šiek tiek pasidomėjusi sužinojau, kad tai **bulvių** koldūnai, įdaryti mėsa ir patiekiami su grietinės padažu. Susižavėjusi ėmiausi gaminti savo **versiją**. Pirmiausia reikėjo pagaminti bulvinius koldūnus. Tai pasirodė sunkiau, nei tikėjausi, nes tešla buvo labai lipni ir sunkiai apdirbama. Po kelių nesėkmingų bandymų man pagaliau pavyko juos suformuoti ir išvirti, kol jie **išvirė**. Toliau sekė **įdaras**. Tai vėlgi buvo sunkiau, nei tikėjausi, nes man sunkiai sekėsi pasiekti, kad maltos mėsos **mišinys** išliktų koldūnų odelėje.

Tačiau galiausiai viskas puikiai pavyko ir jie buvo **skanūs**! Galiausiai ant viršaus buvo užtepta grietinės - tai juos pavertė visiškai nuostabiais! Buvau taip patenkinta, kaip man pavyko cepelinai, kad nusprendžiau jais pasidalyti su **draugais**. Jie visi buvo labai sužavėti ir norėjo sužinoti, iš kur išmokau pagaminti tokį skanų patiekalą. Kai papasakojau, kad tai iš Lietuvos, jie buvo dar labiau suintriguoti ir uždavinėjo man daugybę **klausimų** apie šią šalį ir jos maistą. Buvo smagu, kad galėjau su jais pasidalyti kažkuo

Cepelinai

Stasera avevo voglia di qualcosa di diverso, così ho deciso di provare a preparare i cepelinai. Non avevo mai sentito parlare di questo piatto lituano, ma sembrava intrigante. Dopo aver fatto qualche ricerca, ho scoperto che consisteva in gnocchi **di patate** ripieni di carne e serviti con una salsa di panna acida. Incuriosita, mi sono messa a preparare la mia **versione**. Il primo passo era preparare gli gnocchi di patate. L'operazione si è rivelata più difficile del previsto, poiché l'impasto era molto appiccicoso e difficile da lavorare. Dopo diversi tentativi falliti, sono finalmente riuscita a dar loro una forma e li ho bolliti fino a **cottura** completa. Poi è arrivato il **ripieno**. Anche in questo caso, la sfida è stata più ardua del previsto, perché ho avuto difficoltà a far sì che il **composto di** carne macinata rimanesse all'interno della pelle dei ravioli durante la cottura.

Alla fine, però, tutto è riuscito alla perfezione e il sapore è stato **delizioso**! Il tocco finale è stato l'aggiunta di un cucchiaio di panna acida sopra, che li ha resi assolutamente fantastici! Ero così soddisfatta di come erano venuti i miei cepelinai che ho deciso di condividerli con i miei **amici**. Erano tutti molto colpiti e volevano sapere dove avessi imparato a fare un

tokiu ypatingu, ir visi sutarėme, kad netrukus turėsime
vėl **susitikti ir surengti** kitą lietuvišką šventę! Nuo
to pirmojo vakaro tapau savotišku cepelinų ekspertu.
Eksperimentavau su įvairiais įdarais ir padažais, ir
visiems, kurie jų paragauja, jie visada patinka.

Netgi tapo savotiška tradicija, kad mano draugai, kai
jiems norisi ko nors **kito,** užsuka pas mus lietuviško
maisto. Labai džiaugiuosi, kad nusprendžiau pabandyti
pagaminti cepelinus - jie neabejotinai tapo vienu
mėgstamiausių mano patiekalų! Vieną dieną buvau
pakviesta į lietuviško **maisto gaminimo** pamoką.
Ten sužinojau dar daugiau apie šį nuostabų patiekalą
ir apie tai, kaip kiekvieną kartą jį tobulai pagaminti.
Virtuvės šefas taip pat pasidalijo keliomis savo
paslaptimis, kurias dabar įtraukiau į savo **receptus**.
Su pasididžiavimu galiu pasakyti, kad mano cepelinai
dabar yra geriausi mieste - ir **visi** tai žino!

piatto così delizioso. Quando ho detto loro che veniva dalla Lituania, si sono incuriositi ancora di più e mi hanno fatto un sacco di **domande** sul Paese e sulla sua cucina. È stato bello poter condividere con loro qualcosa di così speciale e siamo stati tutti d'accordo che **ci saremmo** ritrovati presto per un'altra festa lituana! Da quella prima sera, sono diventata una specie di esperta di cepelinai. Ho **sperimentato** diversi ripieni e salse, e tutti quelli che li provano li adorano sempre.

È persino diventata una sorta di tradizione per i miei amici che vengono a mangiare cibo lituano ogni volta che hanno voglia di qualcosa di **diverso**. Sono molto contenta di aver deciso di provare a fare i cepelinai: sono diventati uno dei miei piatti preferiti! Un giorno sono stata invitata a un corso di **cucina** lituana. Lì ho imparato ancora di più su questo piatto straordinario e su come prepararlo sempre alla perfezione. Lo chef ha anche condiviso alcuni dei suoi segreti, che ora ho incorporato nelle mie **ricette**. Sono orgogliosa di dire che i miei cepelinai sono ora i migliori della città - e **tutti** lo sanno!

Supratimo klausimai

1. Kas yra lietuviškas patiekalas cepelinai?

2. Iš ko pagaminti cepelinai?

3. Kaip tradiciškai patiekiami cepelinai?

4. Kokia buvo autoriaus patirtis gaminant cepelinus pirmą kartą?

5. Kodėl autorės draugai buvo sužavėti, kai ji jiems pagamino cepelinų?

6. Kas atsitiko su autorės cepelinų gamyba nuo tada, kai ji pirmą kartą pabandė juos gaminti?

7. Ką autorė sužinojo apie cepelinus lietuvių maisto gaminimo pamokoje?

8. Kaip virėjo paslaptys pakeitė paties autoriaus receptus?

9. Kuo dabar laikomi autoriaus cepelinai?

10. Ką autorius apskritai mano apie cepelinus?

Domande di comprensione

1. Che cos'è il piatto lituano cepelinai?

2. Di cosa sono fatti i cepelinai?

3. Come vengono serviti tradizionalmente i cepelinai?

4. Qual è stata l'esperienza dell'autore nel preparare i cepelinai per la prima volta?

5. Perché gli amici dell'autrice sono rimasti colpiti quando ha preparato i cepelinai per loro?

6. Che ne è stato della produzione di cepelinai dell'autrice da quando l'ha provata per la prima volta?

7. Che cosa ha imparato l'autore sui cepelinai al corso di cucina lituano?

8. In che modo i segreti dello chef hanno cambiato le ricette dell'autore?

9. Qual è la cepelinai dell'autore ora considerata?

10. Cosa pensa l'autore dei cepelinai nel complesso?

Trakų istorinis nacionalinis parkas

Už horizonto besileidžianti saulė dangų nuspalvino gražiu **oranžiniu** atspalviu. Paukščiai giedojo, o pro medžius švelniai pūtė vėjelis. Tai buvo puikus vakaras pasivaikščiojimui po Trakų istorinį nacionalinį parką. Pradėjau leistis vienu iš takų, eidamas grožėjausi kraštovaizdžiu. Parkas kupinas **istorijos, jame** galima pamatyti daug įdomių dalykų. Netrukus priėjau senus pilies griuvėsius ir sustojęs trumpam juos apžiūrėjau. Vaikštinėdamas aplinkui negalėjau atsikratyti jausmo, kad kažkas mane **stebi.** Atsigręžiau, bet ten niekas nebuvo.

Nusikvatojęs tęsiau kelionę. Tačiau po kelių minučių vėl pajutau tą patį jausmą - tarsi kažkas mane sektų. Šį kartą, kai atsigręžiau, pamačiau figūrą, stovinčią šešėlyje tarp dviejų medžių. Negalėjau patikėti savo akimis. Kas buvo tas mane sekantis **asmuo?** Ir kodėl? Pradėjau eiti greičiau, bet figūra neatsiliko nuo manęs. Kaskart, kai atsigręždavau, ji buvo ten ir stebėjo mane. Galiausiai nebeišlaikiau ir pradėjau bėgti. Bet kad ir kaip greitai bėgčiau, figūra visada liko man **iš paskos.** Atrodė, kad ji žaidžia su manimi žaidimą, persekioja mane per mišką kaip grobį. Širdis **daužėsi** krūtinėje, o

Parco nazionale storico di Trakai

Il sole stava tramontando all'orizzonte, proiettando
nel cielo una splendida tonalità **arancione**. Gli uccelli
cantavano e la brezza soffiava dolcemente tra gli alberi.
Era una serata perfetta per una passeggiata nel Parco
nazionale storico di Trakai. Ho iniziato a percorrere
uno dei sentieri, ammirando il paesaggio man mano
che procedevo. Il parco è ricco di **storia** e ci sono
molte cose interessanti da vedere. Mi sono imbattuta in
alcune rovine di un vecchio castello e mi sono fermata
a esplorarle per un po'. Mentre mi aggiravo, ho avuto
la sensazione che qualcuno mi stesse **osservando**. Mi
sono girata, ma non c'era nessuno.

Facendo finta di niente, continuai per la mia strada.
Ma dopo qualche minuto ebbi di nuovo la stessa
sensazione, come se qualcuno mi stesse seguendo.
Questa volta, quando mi guardai indietro, vidi una figura
in piedi nell'ombra tra due alberi. Non potevo credere
ai miei occhi. Chi era questa **persona** che mi seguiva?
E perché? Cominciai a camminare più velocemente,
ma la figura continuava a seguirmi. Ogni volta che mi
guardavo indietro, era lì, a guardarmi. Alla fine non ce
la feci più e cominciai a correre. Ma per quanto andassi

kai pasiekiau kitą parko pusę, jau buvau be kvapo. Ten buvo žmonių, ir akimirką pasijutau saugi... kol supratau, kad **figūra** sekė mane net iki čia.

Jis vis dar stovėjo šešėlyje ir įdėmiai stebėjo mane savo bauginančiu žvilgsniu. Nežinojau, ką daryti. Buvau apsuptas žmonių, bet vis tiek jaučiau, kad man gresia **pavojus**. Figūra nepajudėjo iš vietos ir atrodė, kad ji pasitenkina tiesiog stebėdama mane. Bet kodėl? Ko ji iš manęs norėjo? Staiga ji pradėjo judėti link manęs, ir aš supanikavau. Pasisukau bėgti, bet kažkas griebė mane iš **už nugaros** ir sulaikė. "Viskas gerai", - ramiai pasakė jie. "Nėra ko bijoti..." Bet kaip jie galėjo taip sakyti, kai figūra dabar stovėjo tiesiai priešais mus? Ji ištiesė **ranką, tarsi** norėdama paliesti mano veidą... Ir tada viskas tapo **juoda**.

veloce, la figura rimaneva sempre **dietro di** me.
Sembrava che stesse giocando con me, seguendomi
nel bosco come una preda. Il cuore mi **batteva** nel petto
e mi mancava il fiato quando raggiunsi l'altro lato del
parco. Lì c'erano delle persone e per un attimo mi sono
sentita al sicuro... finché non mi sono resa conto che la
figura mi aveva seguita anche qui.

Era ancora in piedi nell'ombra e mi osservava
intensamente con il suo sguardo inquietante. Non
sapevo cosa fare. Ero circondato da persone, ma
mi sentivo comunque in **pericolo**. La figura non si
era mossa dal suo posto e sembrava soddisfatta
di osservarmi. Ma perché? Cosa voleva da me?
All'improvviso cominciò a muoversi verso di me e fui
preso dal panico. Mi voltai per correre, ma qualcuno
mi afferrò da **dietro**, trattenendomi. "Va tutto bene", mi
dissero con calma. "Non c'è nulla di cui aver paura...".
Ma come potevano dirlo quando la figura era in piedi
proprio di fronte a noi? Allungò una **mano** come per
toccarmi il viso... E poi tutto divenne **nero**.

Supratimo klausimai

1. Ką veikėjas pastebi vaikščiodamas po parką?

2. Ką veikėjas daro, kai pirmą kartą pastebi jį sekančią figūrą?

3. Kodėl veikėjas jaučiasi esąs pavojuje?

4. Kaip veikėjas jaučiasi dėl figūros?

5. Ko, veikėjo manymu, veikėjas nori iš jo?

6. Kur figūra seka paskui veikėją?

7. Kaip veikėjas reaguoja, kai figūra prie jo priartėja?

8. Ką kitas asmuo sako veikėjui?

9. Ką veikia figūra, kai ji stovi priešais veikėją?

10. Kas atsitinka pagrindiniam veikėjui istorijos pabaigoje?

Domande di comprensione

1. Cosa nota il protagonista mentre cammina nel parco?

2. Che cosa fa il protagonista quando si accorge della figura che lo segue?

3. Perché il protagonista si sente in pericolo?

4. Come si sente la figura del protagonista?

5. Cosa pensa il protagonista che la figura voglia da lui?

6. Dove la figura segue il protagonista?

7. Come reagisce il protagonista quando la figura si avvicina a lui?

8. Cosa dice l'altra persona al protagonista?

9. Che cosa fa la figura quando si trova di fronte al protagonista?

10. Cosa succede al protagonista alla fine della storia?

Kuršių nerija

Kuršių nerija - tai ilgas ir plonas sausumos ruožas, išsikišęs į Baltijos jūrą. Čia yra unikali ekosistema ir **svarbi** migruojančių paukščių stotelė. Tačiau ši vieta taip pat turi tamsią istoriją. Šimtmečius nerijoje gyvenusius žmones nuo likusio pasaulio atkirto priešiškai nusiteikę kaimynai. Jie pragyveno iš žvejybos ir medžioklės, bet gyvenimas buvo sunkus. Vieną dieną viskas **pasikeitė**... Buvo ankstyvas rytas, kai jie atvyko. Iš pradžių kaimo gyventojai manė, kad tai tik dar viena **žvejų** grupė, atvykusi prekiauti prekėmis. Tačiau netrukus jie suprato, kad šie vyrai yra kitokie. Jie turėjo keistus ginklus ir šarvus, o jų laivai buvo tokie, kokių dar niekas niekada nebuvo matęs. Kaimo gyventojai bandė bėgti, bet buvo per vėlu - užpuolikai jau buvo išsilaipinę **krante**. Kelias dienas kaimas buvo apgultas, nes užpuolikai plėšė ir degino viską, kas pakliuvo į akis. Žmonės iš baimės glaudėsi savo namuose, o aplinkui viešpatavo **chaosas.**

Galiausiai, praėjus tarsi **amžinybei,** užpuolikai išėjo taip pat staiga, kaip ir atėjo, pasiimdami su savimi viską, kas vertinga, kas nebuvo prikalta (ir kai kuriuos daiktus, kurie buvo prikalti). Po griuvėsių išgyvenusieji pamažu išlindo iš savo sléptuvių. Jie apžvelgė viską aplinkui, jų širdys buvo sunkios iš **liūdesio**. Tačiau net

Spit di Curonia

La Curonian Spit è una lunga e sottile striscia di terra che si protende nel Mar Baltico. Ospita un ecosistema unico ed è un **importante** punto di sosta per gli uccelli migratori. Ma è anche un luogo con una storia oscura. Per secoli, le persone che vivevano sullo spiedo sono state tagliate fuori dal resto del mondo da vicini ostili. Si guadagnavano da vivere con la pesca e la caccia, ma la vita era dura. E poi, un giorno, tutto **cambiò**... Era mattina presto quando arrivarono. All'inizio, gli abitanti del villaggio pensarono che fossero solo un altro gruppo di **pescatori** venuti a commerciare merci. Ma presto si accorsero che quegli uomini erano diversi. Avevano armi e armature strane e le loro navi non erano mai state viste prima. Gli abitanti del villaggio cercarono di scappare, ma era troppo tardi: gli invasori erano già sbarcati a **terra**. Per giorni il villaggio fu assediato dagli invasori che saccheggiavano e bruciavano tutto ciò che vedevano. La gente si rintanò impaurita nelle proprie case, mentre intorno a loro il **caos** regnava sovrano.

Alla fine, dopo quella che sembrò un'**eternità**, gli aggressori se ne andarono all'improvviso, portando con sé qualsiasi cosa di valore che non fosse inchiodata (e alcune cose che lo erano). All'indomani della distruzione, i sopravvissuti uscirono lentamente dai loro

ir šią tamsiausią valandą jie žinojo, kad turi eiti toliau. Todėl jie ryžtingai ėmėsi iš naujo kurti savo gyvenimus. Kuršių nerija - tai ilgas, plonas sausumos ruožas, įsiterpęs į Baltijos jūrą. Čia yra unikali ekosistema ir svarbi migruojančių paukščių stotelė. Tačiau ši vieta taip pat turi tamsią **istoriją**. Šimtmečius nerijoje gyvenusius žmones nuo likusio pasaulio atkirto **priešiškai nusiteikę** kaimynai. Jie pragyveno iš žvejybos ir medžioklės, bet gyvenimas buvo sunkus. Vieną dieną viskas pasikeitė. Kai jie atvyko, buvo ankstyvas rytas.

nascondigli. Guardarono tutto ciò che li circondava, con il cuore pesante di **tristezza**. Ma anche in quest'ora così buia, sapevano che dovevano andare avanti. E così, con determinazione, si accinsero a ricostruire ancora una volta le loro vite. La Curonian Spit è una lunga e sottile striscia di terra che si protende nel Mar Baltico. Ospita un ecosistema unico ed è un importante punto di sosta per gli uccelli migratori. Ma è anche un luogo con una **storia** oscura. Per secoli, le persone che vivevano sullo spiedo sono state tagliate fuori dal resto del mondo da vicini **ostili**. Si arrangiavano pescando e cacciando, ma la vita era dura. Poi, un giorno, tutto cambiò. Quando arrivarono era mattina presto.

Supratimo klausimai

1. Kas yra Kuršių nerija?

2. Kokia tamsi Kuršių nerijos istorija?

3. Ką užpuolikai padarė kaimui?

4. Kaip kaimų gyventojai reagavo į invaziją?

5. Kodėl užpuolikai pasitraukė?

6. Ką išgyvenusieji darė po invazijos?

7. Kokia unikali Kuršių nerijos ekosistema?

8. Kokia Kuršių nerijos reikšmė migruojantiems paukščiams?

9. Koks yra Kuršių nerijos klimatas?

10. Kaip gyveno Kuršių nerijos gyventojai?

Domande di comprensione

1. Che cos'è lo Spit di Curonia?

2. Qual è la storia oscura dello Spalto di Curonia?

3. Cosa fecero gli invasori al villaggio?

4. Come reagirono gli abitanti del villaggio all'invasione?

5. Perché gli invasori se ne sono andati?

6. Cosa fecero i sopravvissuti dopo l'invasione?

7. Qual è l'ecosistema unico dello Spit di Curonia?

8. Qual è l'importanza dello Spit di Curonia per gli uccelli migratori?

9. Qual è il clima della Curonian Spit?

10. Come si guadagnavano da vivere le persone che vivevano sullo Spalto di Curonia?

Amber

Gintarė vaikščiojo po mišką ir grožėjosi ją supančiu **grožiu,** kai staiga išgirdo triukšmą. Atrodė, kad kažkas verkia. Ji sekė paskui garsą, kol priėjo miškelį ir pamatė ant žemės sėdinčią ir verkiančią moterį. Amber priėjo prie jos ir paklausė, kas **nutiko**. Moteris su ašaromis akyse pažvelgė į Gintarę ir pasakė: "Mano vyras paliko mane dėl kitos moters". Aš jį taip mylėjau, o dabar jis išėjo. " Gintarui pasidarė gaila moters ir jis nusprendė kurį laiką pabūti su ja. Ji kalbėjosi su ja ir stengėsi, kad ji pasijustų geriau. Po kurio laiko **moteris** nustojo verkti ir padėkojo Gintarei, kad buvo su ja. Gintarė ir moteris susidraugavo ir dažnai susitikdavo miškelyje pasikalbėti. Vieną dieną joms **besikalbant** pasirodė moters vyras. Jis atėjo atsiprašyti už tai, ką padarė, ir prašė jos **atleidimo.**

Moteris iš pradžių dvejojo, bet po to, kai Amberis su ja pasikalbėjo, nusprendė suteikti jam dar vieną šansą. Visi trys kartu išėjo iš miško kirtavietės ir grįžo į moters namus. Gintarė buvo laiminga, kad galėjo padėti draugei vėl atrasti **laimę.** Po kelių mėnesių Gintarė miške susidūrė su moters vyru. Jis dar kartą padėkojo jai už tai, ką padarė, ir pasakė, kad jam ir jo žmonai sekasi kaip niekada gerai. Prieš eidami **skirtingais** keliais, jie kurį laiką kalbėjosi. Gintarė džiaugėsi, kad

Ambra

Amber stava camminando nella foresta, ammirando la **bellezza** che la circondava, quando improvvisamente sentì un rumore. Sembrava che qualcuno stesse piangendo. Seguì il suono fino ad arrivare a una radura e vide una donna seduta a terra che piangeva. Amber le si avvicinò e le chiese cosa **avesse**. La donna guardò Amber con le lacrime agli occhi e disse: "Mio marito mi ha lasciato per un'altra donna". Lo amavo così tanto e ora se n'è andato". "Amber si sentì dispiaciuta per la donna e decise di rimanere con lei per un po'. Le parlò e cercò di farla sentire meglio. Dopo un po', la **donna** smise di piangere e ringraziò Amber per essere stata lì con lei. Amber e la donna divennero amiche e si incontravano spesso nella radura per parlare. Un giorno, mentre stavano **parlando**, arrivò il marito della donna. Era venuto a scusarsi per ciò che aveva fatto e implorava il suo **perdono**.

All'inizio la donna era titubante, ma dopo che Amber le ebbe parlato, decise di dargli un'altra possibilità. I tre lasciarono insieme la radura e tornarono a casa della donna. Ambra era felice di aver aiutato la sua amica a ritrovare **la felicità**. Qualche mese dopo, Amber incontrò il marito della donna nella foresta. Lui la ringraziò di nuovo per quello che aveva fatto e le

galėjo padėti savo draugei, bet taip pat džiaugėsi, kad ir pati susirado naują draugą. Gintarė **toliau** tyrinėjo mišką ir netrukus rado kitą kirtavietę. Ši buvo pilna gražių gėlių. Ji sustojo jomis pasigrožėti, kai vėl išgirdo **kažkieno** verksmą. Ji nusekė paskui garsą ir pamatė ant žemės sėdinčią ir verkiančią moterį. Moteris su ašaromis akyse pažvelgė į Amber ir pasakė: "Mano vyras paliko mane dėl kitos moters". Aš jį taip mylėjau, o dabar jis **išėjo**. "

disse che lui e sua moglie stavano meglio che mai. Chiacchierarono per un po' prima di prendere strade **diverse**. Amber era contenta di aver aiutato la sua amica, ma era anche felice di essersi fatta una nuova amica. Ambra **continuò a** esplorare la foresta e presto trovò un'altra radura. Questa era piena di bellissimi fiori. Si fermò ad ammirarli quando sentì di nuovo **qualcuno** piangere. Seguì il suono e trovò una donna seduta a terra che piangeva. La donna guardò Amber con le lacrime agli occhi e disse: "Mio marito mi ha lasciato per un'altra donna". Lo amavo così tanto e ora se n'è **andato**. "

Supratimo klausimai

1. Kokį triukšmą išgirdo Amberis?

2. Iš kur sklido triukšmas?

3. Kas buvo ta moteris, kurią rado Amberas?

4. Kas nutiko moteriai?

5. Kodėl Amber liko su ta moterimi?

6. Kaip moteris jautėsi po to, kai Amberis su ja pasikalbėjo?

7. Ką padarė moters vyras, kai grįžo?

8. Kaip Amber jautėsi po pokalbio su moters vyru?

9. Ką Gintarė rado antroje kirtavietėje?

10. Kas buvo antrojoje kirtavietėje?

Domande di comprensione

1. Qual è il rumore che Amber ha sentito?

2. Da dove proviene il rumore?

3. Chi era la donna trovata da Ambra?

4. Cosa era successo alla donna?

5. Perché Amber è rimasta con la donna?

6. Come si è sentita la donna dopo che Amber le ha parlato?

7. Cosa fece il marito della donna quando tornò?

8. Come si è sentita Amber dopo aver parlato con il marito della donna?

9. Che cosa ha trovato Amber nella seconda radura?

10. Chi c'era nella seconda radura?

Kernavės archeologinė vietovė

Kernavės archeologinė vietovė kadaise buvo šurmuliuojantis miestelis, pilnas gyvybės ir veiklos. Tačiau dabar tai miestas vaiduoklis; vieninteliai gyventojai - seniai čia mirusių žmonių **dvasios.** Ypač viena dvasia - tai jaunos moters, vardu Lina, dvasia. Ji tragiškai žuvo per gaisrą, kuris apėmė jos namus, palikdamas ją įkalintą ir vienišą. Kiekvieną dieną ji klaidžioja Kernavės gatvėmis ir vėl ir vėl išgyvena savo paskutines akimirkas. Tačiau šiandien viskas kitaip. Šiandien ji pirmą kartą po savo mirties jaučia kažkieno buvimą. Iš pradžių ji išsigąsta, manydama, kad tai gali būti vienas iš **demonų,** kurie kartais lankosi šioje vietoje ir kankina čia įstrigusias sielas. Bet kai ji atsisuka į **tą, kas tai būtų...** ji nieko ten nemato, išskyrus seną vyrą, vilkintį kitos epochos **drabužiais.** Jis prisistato esąs Jonas - jis taip pat gyveno Kernavėje, kol prieš daugelį metų mirė.

Jis pasako jai, kad nuo pat mirties ją stebėjo ir atėjo paimti jos rankos, kad jie pagaliau galėtų kartu keliauti į pomirtinį gyvenimą. Iš pradžių Lina abejoja, bet paima jo ranką ir leidžia jam ją vesti. Jiems einant Jonas pasakoja jai apie **įvairias** vietas, kuriose buvo po savo

Sito archeologico di Kernavė

Un tempo il sito archeologico di Kernavė era una città vivace, piena di vita e di attività. Ma ora è una città fantasma; gli unici abitanti sono gli **spiriti** di coloro che sono morti qui molto tempo fa. Uno spirito, in particolare, è quello di una giovane donna di nome Lina. È morta tragicamente in un incendio che ha avvolto la sua casa, lasciandola intrappolata e sola. Ogni giorno vaga per le strade di Kernavė, rivivendo i suoi ultimi momenti più e più volte. Ma oggi è diverso. Oggi sente la presenza di qualcun altro per la prima volta da quando è morta. All'inizio è spaventata, pensando che si tratti di uno dei **demoni** che a volte visitano questo luogo per tormentare le anime che vi sono bloccate. Ma quando si gira per affrontare **chiunque sia...** non vede nulla, tranne un uomo anziano che indossa **abiti** di un'altra epoca. Si presenta come Jonas - anche lui viveva a Kernavė prima di morire molti **anni** fa.

Le dice che ha vegliato su di lei da quando è morta e che è venuto a prendere la sua mano per poter finalmente andare avanti insieme nell'aldilà. All'inizio Lina è titubante, ma prende la sua mano e si lascia condurre da lui. Mentre camminano, Jonas le racconta

mirties, ir apie viską, ką matė. Lina stebisi viskuo, ką jis
aprašo, ir negali patikėti, kad gyvenimas po mirties yra
daug daugiau, nei ji kada nors įsivaizdavo. Galiausiai
jie atvyksta į **nuostabią** pievą, pilną laukinių gėlių.
Jonas jai pasako, kad čia jų keliai turėtų išsiskirti, bet
prieš išvykdamas jis nori įteikti jai paskutinę dovaną. Jis
įkiša ranką į kišenę ir ištraukia mažą medinę dėžutę...
kurios viduje yra subtilus sidabrinis vėrinys su vienu
mėlynu **brangakmeniu** centre. Jis paaiškina, kad tai
buvo mėgstamiausias jo žmonos papuošalas, ir sako,
kad nori, jog Lina dabar jį turėtų kaip priminimą, kad
ji nebėra **viena**; net jei jie išsiskiria, mylimi žmonės
dvasios pavidalu visada yra su jais.

Lina su ašaromis akyse padėkoja Jonui už viską,
atsisveikina ir pasuka atgal į Kernavę. Eidama tolyn
Lina jaučiasi lengvesnė nei seniai. Ji žino, kad jos
kelionė dar nesibaigė - bet dabar ji turi jėgų pasitikti
viską, kas jos laukia ateityje, **žinodama,** kad jos
mylimi žmonės visada su ja. Kitą dieną, kai Lina grįžta
į Kernavę, ji mato, kad miestelis **pasikeitęs**. Pastatai
nebėra apanglėję ir juodi nuo gaisro - dabar jie spindi
ir yra nauji, tarsi tragedijos niekada nebūtų buvę.
Ji **netikėdama** klaidžioja gatvėmis, kol prieina prie
savo senųjų namų. Iš pradžių ji abejoja, bet paskui
nusprendžia įeiti į vidų. Jis atrodo lygiai taip pat, kaip ir
prieš gaisrą... išskyrus vieną dalyką.

dei **diversi** luoghi in cui è stato da quando è morto e di tutte le cose che ha visto. Lina è stupita da tutto ciò che descrive e non riesce a credere che la vita dopo la morte sia molto più di quanto avesse mai immaginato. Alla fine arrivano in un **bellissimo** prato pieno di fiori selvatici. Jonas le dice che è qui che devono separarsi, ma prima di andarsene vuole farle un ultimo regalo. Si mette in tasca e tira fuori una piccola scatola di legno... all'interno della quale c'è una delicata collana d'argento con un'unica **gemma** blu al centro. Spiega che era il gioiello preferito di sua moglie e dice che vuole che Lina lo abbia per ricordarle che non è più **sola**; anche se sono lontani, i loro cari sono sempre con loro in forma di **spirito**.

Con le lacrime agli occhi, Lina ringrazia Jonas per tutto prima di **salutarlo** e tornare verso Kernavė. Mentre si allontana, Lina si sente più leggera che mai. Sa che il suo viaggio non è ancora finito, ma ora ha la forza di affrontare qualsiasi cosa le si presenti davanti, **sapendo** che i suoi cari sono sempre con lei. Il giorno dopo, quando Lina torna a Kernavė, vede che la città è **cambiata**. Gli edifici non sono più carbonizzati e anneriti dall'incendio, ma splendenti e nuovi, come se la tragedia non fosse mai avvenuta. Si aggira per le strade **incredula**, finché non arriva alla sua vecchia casa. All'inizio esita, ma poi decide di entrare. È esattamente come prima dell'incendio... tranne che per una cosa.

Supratimo klausimai

1. Kaip vadinasi Kernavę persekiojanti dvasia?

2. Kaip mirė Lina?

3. Kas yra Jonas?

4. Ką Jonas duoda Linai?

5. Ką Lina mato grįžusi į Kernavę?

6. Kodėl vėrinys yra reikšmingas?

7. Kur Jonas nuveš Liną?

8. Ką Jonas pasakoja Linai apie jos kelionę?

9. Kaip Lina jaučiasi susitikusi su Jonu?

10. Ką Linai reiškia vėrinys?

Domande di comprensione

1. Come si chiama lo spirito che perseguita Kernavė?

2. Come è morta Lina?

3. Chi è Jonas?

4. Cosa regala Jonas a Lina?

5. Cosa vede Lina quando torna a Kernavė?

6. Perché la collana è significativa?

7. Dove porta Lina Jonas?

8. Cosa dice Jonas a Lina del suo viaggio?

9. Come si sente Lina dopo aver incontrato Jonas?

10. Che cosa rappresenta la collana per Lina?

Krepšinis

Gimnazijos salėje aidėjo kamuolio, šokinėjančio ant kietos dangos, garsas. Lauke buvo graži diena, bet Maikui tai nebuvo svarbu. Jis galvojo apie vieną dalyką - krepšinį. Jis driblingavo aplink įsivaizduojamus gynėjus, stengdamasis visą laiką laikyti galvą pakeltą aukštyn. Treneris jam visada sakydavo, kad jei nori būti puikus **žaidėjas,** turi gerai matyti aikštę. Jis sustodavo ties įžaidėjo viršūne ir apžvelgdavo aikštę. Priešais jį nebuvo tikrų **gynėjų,** bet jis apsimetė, kad **jų** yra. Jis giliai įkvėpė ir žengė savo žingsnį. Jis judėjo link krepšio, naudodamasis kūnu, kad apsaugotų kamuolį nuo įsivaizduojamų gynėjų. Priartėjęs prie krepšio, jis pakėlė kamuolį ir **tobulai** išleido metimą. Jis įskriejo!

Vos tik jis atsitrenkė tik į tinklą, Maikas nubėgo jo paimti, kad galėtų tai pakartoti. Šį kartą jis turėjo atlikti dar **sunkesnį** smūgį iš didesnio atstumo. Mike'o treneris visada sakydavo, kad praktika daro meistriškumą. Todėl Maikas valandų valandas praleisdavo sporto salėje, tobulindamas savo žaidimą. Kasdien jis šaudė šimtus šūvių, stengdamasis pagerinti **taiklumą.** Atrodo, kad tai pasiteisino - jis buvo vienas geriausių komandos žaidėjų. Vieną dieną, po itin įtemptos **treniruotės,** Maikas nusprendė skirti laiko sau ir tiesiog pažaisti. Jis ėmė šaudyti iš visos aikštelės, pataikydamas

Pallacanestro

Il suono della palla che rimbalzava sul parquet rieccheggiava nella **palestra**. Fuori era una bella giornata, ma a Mike non importava. Aveva una sola cosa in mente: la pallacanestro. Palleggiava intorno a difensori immaginari, assicurandosi di tenere sempre la testa alta. Il suo allenatore gli diceva sempre che se voleva diventare un grande **giocatore**, doveva avere una buona visione del campo. Si fermò all'inizio della chiave e osservò il campo. Davanti a lui non c'erano veri **difensori**, ma lui fece finta che ce ne fossero. Fece un respiro profondo e poi si mosse. Si diresse verso il canestro, usando il corpo per proteggere la palla da difensori immaginari. Quando fu a portata di tiro, si alzò e tirò con una forma **perfetta**. Andò a canestro!

Non appena il tiro colpì solo la rete, Mike corse a recuperarlo per poterlo rifare. Questa volta avrebbe fatto un tiro ancora **più difficile**, da una distanza maggiore. L'allenatore di Mike diceva sempre che la pratica rende perfetti. Per questo Mike passava ore e ore in palestra a lavorare sul suo gioco. Faceva centinaia di tiri ogni giorno, cercando di migliorare la sua **precisione**. E sembrava che la cosa stesse dando i suoi frutti: era uno dei migliori giocatori della sua squadra. Un giorno, dopo una sessione di **allenamento**

vieną metimą po kito. Staiga jis sulaukė žiūrovų; jo **komandos draugai** susirinko aplink ir nustebę stebėjo jį. Jie dar niekada nebuvo matę, kad kas nors taip **šaudytų!**

Savo šaudymu sužavėjęs komandos draugus, Mike'as dar labiau pasitikėjo savimi ir savo jėgomis. Jis ėmė labiau rizikuoti aikštėje ir tai pasiteisino - jis vedė savo komandą į pergalę po **pergalės**. Treneris juo pasitikėjo ir suteikė jam daugiau atsakomybės puolime; netrukus žmonės jį ėmė vadinti "naujuoju didžiuoju žaidėju". Tačiau spaudimas Mike'o nepalaužė; jei ne kitaip, tai tik dar labiau pagerino jo rezultatus spaudimo **situacijose**. Jis klestėjo, kai žaidimas buvo ant ribos, ir pataikydavo vieną įvartį po kito. Jis greitai tapo žinomas kaip vienas geriausių krepšininkų mieste, o vėliau ir valstijoje, o galiausiai ir **šalyje**.

particolarmente estenuante, Mike decise di prendersi un po' di tempo per sé e di giocare. Iniziò a tirare da tutto il campo, realizzando un tiro dopo l'altro. Improvvisamente aveva un pubblico: i suoi **compagni di squadra** si erano radunati intorno a lui per guardarlo con stupore. Non avevano mai visto nessuno **tirare** così!

Dopo aver impressionato i suoi compagni di squadra con i suoi tiri, Mike ha acquisito ancora più fiducia in se stesso e nelle sue capacità. Comincia a rischiare di più in campo e i risultati si vedono: conduce la sua squadra a una vittoria dopo l'altra. Il suo allenatore si fida di lui e gli affida maggiori responsabilità all'interno dell'attacco; ben presto la gente lo chiama "the next big thing". La pressione, però, non ha messo in difficoltà Mike, anzi lo ha reso più bravo nelle **situazioni di** pressione. Quando la partita è sul filo del rasoio, si esalta e mette a segno un tiro decisivo dopo l'altro. In breve tempo divenne noto come uno dei migliori giocatori di basket della città... e poi dello Stato... e infine della **nazione**.

Supratimo klausimai

1. Koks garsas aidėjo gimnazijoje?

2. Koks oras buvo lauke?

3. Į ką Mike'as sutelkė dėmesį?

4. Ką Mike'o treneris jam pasakė apie tai, kaip tapti puikiu žaidėju?

5. Ką Mike'as padarė, kai pasiekė rakto viršūnę?

6. Ką apsimetė Mike'as, kai važiavo link krepšio?

7. Kodėl Maikas valandų valandas praleido sporto salėje?

8. Kuo Mike'as sužavėjo komandos draugus?

9. Ką padarė Mike'o treneris, kai jis pradėjo vesti komandą į pergales?

10. Kaip Mike'as buvo žinomas, kai tapo vienu geriausių šalies žaidėjų?

Domande di comprensione

1. Qual era il suono che riecheggiava nella palestra?

2. Che tempo faceva fuori?

3. Qual era l'obiettivo di Mike?

4. Cosa gli ha detto l'allenatore di Mike per diventare un grande giocatore?

5. Che cosa ha fatto Mike quando è arrivato in cima alla chiave?

6. Che cosa ha fatto Mike mentre guidava verso il canestro?

7. Perché Mike passava ore e ore in palestra?

8. Che cosa ha fatto Mike per impressionare i suoi compagni di squadra?

9. Cosa fece l'allenatore di Mike quando iniziò a guidare la squadra alla vittoria?

10. Come era conosciuto Mike quando è diventato uno dei migliori giocatori della nazione?

Saltibarščiai

Pirmą kartą saltibarščių valgiau **pas** močiutę. Ji juos gamindavo kiekvieną vasarą, ir aš visada prašydavau jos paragauti. Galiausiai vienais metais ji leido man suvalgyti mažą dubenėlį. Tai buvo meilė iš pirmo kąsnio. Vėsi, gaivi sriuba buvo nepanaši į nieką, ko iki tol nebuvau ragavusi. Nuo to laiko esu priklausomas nuo Saltibarščių. Kai tik pamatau ją valgiaraštyje, negaliu **atsispirti ir neužsisakyti**. Ir nors dabar žinau, kaip ją pasigaminti pati, niekas neprilygsta močiutės receptui. Šį vakarą, kai sėdžiu ir mėgaujuosi dubenėliu šios gardžios sriubos,negaliu negalvoti apie visus su ja susijusius **nuostabius** prisiminimus. Nuo šeimos susibūrimų iki tingių vasaros dienų, praleistų pavėsyje valgant dubenėlius saltibarščių, šis paprastas patiekalas man tapo kur kas daugiau nei tik maistu; jis tapo mano gyvenimo istorijos dalimi. Su saltibarščiais mane supažindino močiutė, bet tik **persikėlusi gyventi į** Lietuvą iš tiesų įsimylėjau šią **sriubą**.

Lietuvoje saltibarščiai yra nacionalinis patiekalas. Jį valgo visi, o skirtingų receptų yra tiek, kiek yra šeimų. Vieni mėgsta aštrius, kiti - saldesnius. Kad ir kokie būtų jūsų pageidavimai, viena yra aišku: Lietuviški saltibarščiai yra geriausi pasaulyje. Per daugelį metų išbandžiau dešimtis skirtingų šios sriubos versijų,

Saltibarsciai

La prima volta che ho mangiato i saltibarsciai è stato a **casa** di mia nonna. La preparava ogni estate e io la pregavo sempre di assaggiarla. Finalmente, un anno, me ne fece assaggiare una ciotolina. Fu amore al primo morso. La zuppa fresca e rinfrescante era diversa da qualsiasi altra cosa avessi mai assaggiato prima. Da allora, mi sono appassionata al Saltibarsciai. Ogni volta che la vedo sul menu, non posso **fare a meno di** ordinarla. E anche se ora so come prepararlo da sola, non c'è niente di meglio della ricetta della nonna. Stasera, mentre mi siedo per gustare una ciotola di questa deliziosa zuppa, non posso fare a meno di pensare a tutti i **meravigliosi** ricordi ad essa associati. Dalle riunioni di famiglia alle pigre giornate estive trascorse a mangiare ciotole di saltibarsciai all'ombra, questo semplice piatto è diventato per me molto più di un semplice cibo; è diventato una parte della storia della mia vita. La saltibarsciai mi è stata presentata da mia nonna, ma è stato solo quando mi sono **trasferita** in Lituania che mi sono innamorata di questa **zuppa**.

In Lituania, il saltibarsciai è un piatto nazionale. Tutti lo mangiano e ci sono tante ricette diverse quante sono le famiglie. Ad alcuni piace il piccante, mentre altri preferiscono una versione più dolce. A prescindere dalle

tačiau niekas negali **prilygti** mano močiutės receptui. Jis paprastas ir tobulas, toks, kokį ji visada gamindavo. Jau kelias dienas be perstojo lijo ir aš pradėjau blaškytis užsidariusi savo bute. Todėl kai draugė pasiūlė papietauti jos mėgstamiausiame lietuviškame **restorane,** pasinaudojau proga. Manęs laukė malonumas. Vos tik įžengiau į restoraną, mane pasiekė viliojantis Saltibarščių kvapas. Mano burna ėmė rausti, o skrandis gurgždėti iš **nekantrumo**.

Greitai užsisakėme ir netrukus prieš mus buvo pastatyti garuojančios sriubos **dubenys.** Atsargiai gurkštelėjau, nenorėdama nudeginti liežuvio, ir išsižiojusi iš malonumo sustingau, kai skonis išsiskleidė mano skonio receptoriuose. Jis buvo dar geresnis, nei prisiminiau. Sėdėdamas čia ir valgydamas dubenėlį po dubenėlio šios gardžios sriubos, negaliu negalvoti apie tai, kaip stipriai **pasikeitė** mano gyvenimas nuo to pirmojo paragavimo prieš daugelį metų. Tuomet buvau dar **vaikas,** neturintis jokių rimtų pareigų ar rūpesčių. Šiandien atrodo, kad nuolat kažkas slegia mano mintis. Bet kai tik išgeriu dubenėlį "Saltibarsciai", visi tie rūpesčiai išnyksta, ir aš grįžtu į paprastesnius laikus.

vostre preferenze, però, una cosa è certa: Il saltibarsciai
lituano è il migliore del mondo. Ho provato decine di
versioni diverse di questa zuppa nel corso degli anni,
ma niente può essere **paragonato** alla ricetta di mia
nonna. È semplice e perfetta, proprio come lo è sempre
stata lei. Pioveva ininterrottamente da giorni e stavo
iniziando a impazzire rinchiusa nel mio appartamento.
Così, quando la mia amica mi ha proposto di pranzare
nel suo **ristorante** lituano preferito, ho colto al volo
l'occasione. Mi aspettava una sorpresa. Appena
sono entrata nel ristorante, l'odore stuzzicante del
Saltibarsciai mi ha colpito. Mi è venuta l'acquolina in
bocca e il mio stomaco ha brontolato **per l'attesa**.

Ordinammo in fretta e in breve tempo le **ciotole**
fumanti di zuppa furono poste davanti a noi. Presi un
sorso incerto, per non bruciarmi la lingua, e poi emisi
un gemito di piacere quando il sapore esplose sulle
mie papille gustative. Era ancora più buono di quanto
ricordassi. Mentre sono seduto qui a mangiare una
ciotola dopo l'altra di questa deliziosa zuppa, non
posso fare a meno di pensare a quanto sia **cambiata**
la mia vita da quel primo assaggio di tanti anni fa.
All'epoca ero solo una **bambina** senza responsabilità o
preoccupazioni. Oggi, invece, sembra che ci sia sempre
qualcosa che pesa sulla mia mente. Ma ogni volta
che mangio una ciotola di Saltibarsciai, tutti i problemi
scompaiono e vengo **trasportato** indietro a tempi più
semplici.

Supratimo klausimai

1. Koks pirmasis autoriaus prisiminimas apie saltibarščius?

2. Kaip jautėsi autorius, pirmą kartą paragavęs saltibarščių?

3. Kodėl saltibarščiai yra toks populiarus patiekalas Lietuvoje?

4. Ką autorius mano apie savo močiutės saltibarščių receptą?

5. Kaip autorius jaučiasi valgydamas saltibarščius restorane?

6. Apie ką autorius galvoja valgydamas saltibarščius?

7. Kokius prisiminimus autoriui primena saltibarščiai?

8. Kur autorius pirmą kartą paragauja saltibarščių?

9. Koks oras buvo tą dieną, kai autorius pietums valgė saltibarščius?

10. Kaip pasikeitė autoriaus gyvenimas nuo tada, kai jis pirmą kartą paragavo saltibarščių?

Domande di comprensione

1. Qual è il primo ricordo che l'autore ha dei saltibarsciai?

2. Come si è sentito l'autore dopo aver assaggiato per la prima volta i saltibarsciai?

3. Perché il saltibarsciai è un piatto così popolare in Lituania?

4. Cosa pensa l'autore della ricetta dei saltibarsciai della nonna?

5. Come si sente l'autore mentre mangia i saltibarsciai al ristorante?

6. A cosa pensa l'autore mentre mangia i saltibarsciai?

7. Che tipo di ricordi ricorda all'autore la saltibarsciai?

8. Dove l'autore prova per la prima volta i saltibarsciai?

9. Che tempo faceva il giorno in cui l'autore ha pranzato con i saltibarsciai?

10. Come è cambiata la vita dell'autore da quando ha assaggiato per la prima volta i saltibarsciai?

Pažaislio vienuolynas

Pažaislio vienuolyną 1662 m. įkūrė Lenkijos karalius Jonas II Kazimieras. Jis yra Kaune, Lietuvoje, ir yra gražus baroko **stiliaus** vienuolynas. Kompleksą sudaro bažnyčia, du vienuolynai ir įvairūs kiti pastatai. Vienuolynas buvo pastatytas ankstesnės medinės bažnyčios, kurią sunaikino **gaisras,** vietoje. Pažaislio vienuolynas greitai tapo populiaria piligrimų iš visos Lenkijos ir Lietuvos lankytina **vieta.** Daug žmonių atvyko pamatyti stebuklingo Mergelės Marijos paveikslo, kuris, kaip teigiama, buvo saugomas vienuolyno **koplyčioje**. Buvo sakoma, kad paveikslas turi gydomųjų galių ir daugelis žmonių, pasimeldę prie jo, pasveiko nuo ligų. 1701 m. per Šiaurės karą švedų kariai apiplėšė ir sudegino didžiąją dalį vienuolyno komplekso.

Tačiau jie pasigailėjo Dievo **Motinos** koplyčios, kurioje ir šiandien tebėra stebuklingas Marijos atvaizdas. Po restauravimo Pažaislio vienuolynas vėl tapo visos Europos katalikų piligrimystės vieta. **Šiandien** Pažaislio vienuolynas yra populiari turistų lankoma vieta. Lankytojai gali apžiūrėti gražią barokinę bažnyčią ir vienuolynus, o Dievo Motinos koplyčioje

Monastero di Pažaislis

Il monastero di Pažaislis fu fondato nel 1662 dal re polacco Giovanni II Casimiro. Si trova a Kaunas, in Lituania, ed è un bellissimo monastero **in stile** barocco. Il complesso comprende una chiesa, due chiostri e vari altri edifici. Il monastero fu costruito sul sito di una precedente chiesa in legno che era stata distrutta da un **incendio**. Il monastero di Pažaislis divenne rapidamente una **meta** popolare per i pellegrini provenienti da tutta la Polonia e dalla Lituania. Molti venivano a vedere l'immagine miracolosa della Vergine Maria che si diceva fosse custodita nella **cappella** del monastero. Si diceva che l'immagine avesse poteri curativi e che molte persone fossero guarite dai loro disturbi dopo aver pregato davanti ad essa. Nel 1701, durante la Guerra del Nord, le truppe svedesi saccheggiarono e bruciarono gran parte del complesso monastico.

Tuttavia, fu risparmiata la Cappella di Nostra **Signora**, che ancora oggi ospita l'immagine miracolosa di Maria. Dopo il restauro, il monastero di Pažaislis divenne nuovamente un luogo di pellegrinaggio per i cattolici di tutta Europa. **Oggi** il monastero di Pažaislis è una

pamatyti stebuklingąjį Marijos paveikslą. Vienuolyno komplekse taip pat yra muziejus, kuriame eksponuojami vienuolyno **istorijos** ir meno kūriniai. Jei ieškote vietos atsipalaiduoti ir pasimėgauti ramybe, Pažaislio vienuolyną tikrai verta **aplankyti**. Įsikūręs vaizdingoje aplinkoje, nesunku suprasti, kodėl ši vieta jau šimtmečius traukia lankytojus. Eidami pro vienuolyno **vartus** negalite nepajusti taikos ir ramybės jausmo.

Graži barokinė bažnyčia ir **vienuolynai** spinduliuoja ramybę. Nueikite į Dievo Motinos koplyčią ir pamatysite, kad jus traukia stebuklingas Marijos atvaizdas. Atsiklaupiate ir meldžiatės, prašydami patarimų savo gyvenime. Sėdėdami **tyloje** staiga pajuntate nuo paveikslo sklindančią šilumą. Ji pripildo jus vilties ir drąsos, nes žinote, kad, kad ir **kokie iššūkiai jūsų** lauktų, sugebėsite juos įveikti. Iš Pažaislio vienuolyno išeinate atgaivintas ir atsinaujinęs. Šios vietos ramybė ir taika pasiliko su jumis, suteikdama **jėgų** įveikti viską, kas laukia ateityje. Esate dėkingi, kad **patyrėte** šią **patirtį,** ir žinote, kad visada prisiminsite Pažaislio vienuolyno ramybę.

popolare destinazione turistica. I visitatori possono visitare la splendida chiesa barocca e i chiostri e ammirare l'immagine miracolosa di Maria nella Cappella della Madonna. Il complesso del monastero ospita anche un museo con mostre sulla sua **storia** e sulla sua arte. Se siete alla ricerca di un luogo dove rilassarvi e godervi un po' di pace e tranquillità, il monastero di Pažaislis merita sicuramente una **visita**. Situato in un ambiente pittoresco, è facile capire perché questo luogo attrae visitatori da secoli. Quando si varcano i **cancelli** del monastero, non si può fare a meno di provare un senso di pace e tranquillità.

La bella chiesa barocca e i **chiostri** sembrano irradiare serenità. Vi dirigete verso la Cappella di Nostra Signora e vi trovate attratti dall'immagine miracolosa di Maria. Vi inginocchiate e pregate, chiedendo una guida per la vostra vita. Mentre siete seduti in **silenzio**, improvvisamente sentite un calore emanare dall'immagine. Vi riempie di un senso di speranza e di coraggio, sapendo che, qualunque siano le **sfide** che vi attendono, sarete in grado di superarle. Lasciate il monastero di Pažaislis sentendovi rinfrancati e rinnovati. La pace e la calma di questo luogo sono rimaste con voi, dandovi la **forza** di affrontare qualsiasi cosa vi aspetti. Siete grati di aver vissuto questa **esperienza** e sapete che ricorderete sempre la serenità del Monastero di Pažaislis.

Supratimo klausimai

1. Kas yra Pažaislio vienuolynas?

2. Kur yra Pažaislio vienuolynas?

3. Kokio stiliaus yra Pažaislio vienuolynas?

4. Kokie pastatai įeina į Pažaislio vienuolyno kompleksą?

5. Kodėl buvo pastatytas Pažaislio vienuolynas?

6. Kas buvo pasakyta apie vienuolyno koplyčioje esantį Mergelės Marijos atvaizdą?

7. Kas nutiko Pažaislio vienuolynui Šiaurės karo metu?

8. Kuo vėl tapo Pažaislio vienuolynas po restauracijos?

9. Ką Pažaislio vienuolyne lankytojai gali nuveikti šiandien?

10. Koks bendras jausmas apima apsilankius Pažaislio vienuolyne?

Domande di comprensione

1. Che cos'è il monastero di Pažaislis?

2. Dove si trova il monastero di Pažaislis?

3. Che stile ha il monastero di Pažaislis?

4. Quali edifici fanno parte del complesso del monastero di Pažaislis?

5. Perché è stato costruito il monastero di Pažaislis?

6. Cosa si dice dell'immagine della Vergine Maria conservata nella cappella del monastero?

7. Cosa è successo al monastero di Pažaislis durante la Guerra del Nord?

8. Dopo il restauro, cosa è tornato a essere il monastero di Pažaislis?

9. Cosa possono fare oggi i visitatori del monastero di Pažaislis?

10. Qual è la sensazione generale che si prova visitando il monastero di Pažaislis?

Karšto oro balionai

Dangus buvo nuostabiai mėlynas, o **saulė** švietė. Tai buvo puiki diena skraidyti. Džonas ir jo draugai jau kelias savaites planavo pakilti oro balionais, o šiandien pagaliau atėjo ta diena. Anksti **ryte** jie atvyko į **starto** vietą, nekantraudami pradėti. Kai viskas buvo paruošta, jie susėdo į savo krepšius ir pakilo. Iš viršaus atsivėręs vaizdas gniaužė kvapą. Jie matė daugybę mylių į visas puses. Plaukdami jie vienas kitam rodė **įdomius** dalykus ir fotografavo. Tai buvo puiki diena, kol staiga kažkas sugedo su vienu iš **balionų**. Pasigirdo garsus sprogimas, o po to iš baliono ištrūko oras.

Balionas ėmė sparčiai **leistis žemyn** link žemės, esančios toli po jais. Džono ir jo draugų laukė geriausias jų gyvenimo nuotykis. Jie tvirtai laikėsi, kol balionas smigo į žemę. Laimei, jie nusileido minkštame lauke, tačiau nusileidimas vis tiek buvo sunkus. Visi buvo sukrėsti, bet, laimei, niekas nenukentėjo. Visi Džono draugai nekantravo vėl pakilti į orą, tačiau Džonas buvo praradęs **nuotykių** skonį. Jis nusprendė nuo šiol likti ant tvirtos žemės. Džono draugai savo oro balionais patyrė dar daugybę nuotykių, tačiau Džonas **daugiau** niekada prie jų neprisijungė. Jis visada prisimindavo tą dieną, kai vos **nesudužo,** ir nusprendė, kad tai tiesiog per daug rizikinga. Kiekvieną kartą

Mongolfiere

Il cielo era di un bel blu e il **sole** splendeva. Era una giornata perfetta per volare. John e i suoi amici avevano programmato di salire sulle loro mongolfiere per settimane e oggi era finalmente il giorno giusto. Arrivarono al sito di **lancio la mattina** presto, ansiosi di iniziare. Dopo aver preparato tutto, sono saliti sulle loro ceste e sono decollati. La vista dall'alto era mozzafiato. Potevano vedere per chilometri in ogni direzione. Mentre galleggiavano, si indicavano a vicenda le cose **interessanti** e scattavano foto. Era una giornata perfetta, finché all'improvviso qualcosa non andò storto con uno dei **palloncini**. Si udì un forte scoppio, seguito da un soffio d'aria che fuoriusciva dalla busta.

La mongolfiera iniziò a **scendere** rapidamente verso il suolo, molto più in basso di loro. John e i suoi amici stavano per fare il giro della loro vita. Si tennero stretti mentre la mongolfiera precipitava verso il suolo. Per fortuna atterrarono in un campo morbido, ma fu comunque un atterraggio difficile. Tutti erano scossi, ma fortunatamente nessuno si è fatto male. Gli amici di John erano tutti ansiosi di tornare in aria, ma John aveva perso il gusto dell'**avventura**. Decise di rimanere sulla terraferma da quel momento in poi. Gli amici di John vissero molte altre avventure con le loro

pamatęs danguje sklendžiantį oro balioną, jis negalėjo
atsikratyti pavydo jausmo. Jis žinojo, kad jie ten smagiai
leidžia laiką, bet tai buvo ne jam. Po daugelio metų visi
Džono **draugai** vis dar skraidė karšto oro balionais.
Jie dažnai kviesdavo jį prisijungti, bet jis visada
atsisakydavo.

Jis su pasitenkinimu stebėjo nuo žemės, kaip jie skrieja
dangumi, mėgaudamasis laisve ir nuostabiais vaizdais.
Džono draugai jau kelias savaites planavo pakilti oro
balionu, ir šiandien pagaliau atėjo ta diena. Anksti
ryte jie atvyko į starto vietą, nekantraudami pradėti.
Kai viskas buvo paruošta, jie susėdo į savo krepšius ir
pakilo. Iš viršaus atsivėręs vaizdas **gniaužė kvapą**. Jie
matė daugybę kilometrų į visas puses. Plaukdami jie
vienas kitam rodė įdomius dalykus ir fotografavo. Tai
buvo **puiki** diena, kol staiga kažkas sugedo su vienu iš
balionų. Pasigirdo garsus sprogimas, po kurio iš baliono
ištrūko **oras.**

mongolfiere, ma John non si unì **più** a loro. Ricordava
sempre il giorno in cui aveva rischiato di **precipitare**
e decise che era troppo rischioso. Ogni volta che
vedeva una mongolfiera fluttuare nel cielo, non poteva
fare a meno di provare un po' di invidia. Sapeva che
si stavano divertendo lassù, ma non faceva per lui.
Anni dopo, gli **amici** di John continuavano a volare in
mongolfiera. Spesso lo invitavano ad andare con loro,
ma lui **rifiutava** sempre.

Si accontentò di guardare da terra mentre si libravano
nel **cielo**, godendo della loro libertà e della splendida
vista. Gli amici di John avevano programmato di
salire sulle loro **mongolfiere** per settimane e oggi
era finalmente arrivato il giorno giusto. Arrivarono
al sito di lancio la mattina presto, ansiosi di iniziare.
Dopo aver preparato tutto, sono saliti sulle loro ceste
e sono decollati. La vista dall'alto era **mozzafiato**.
Potevano vedere per chilometri in ogni direzione.
Mentre galleggiavano, si indicavano a vicenda le
cose interessanti e scattavano foto. Era una giornata
perfetta, finché all'improvviso qualcosa non andò storto
con uno dei palloncini. Si udì un forte scoppio seguito
da un soffio d'**aria** che fuoriusciva dalla busta.

Supratimo klausimai

1. Koks buvo dangus, kai Džonas ir jo draugai pakilo oro balionu?

2. Kiek laiko Jonas ir jo draugai planavo pakilti oro balionu?

3. Ką Jonas ir jo draugai veikė pakilę oro balionu?

4. Kas nutiko su vienu iš balionų?

5. Kaip Jonas ir jo draugai jautėsi, kai sparčiai leidosi žemyn?

6. Kur jie nusileido?

7. Ar kas nors buvo sužeistas?

8. Ką Jonas nusprendė daryti po incidento?

9. Ką po incidento darė Jono draugai?

10. Ką Jonas darydavo kiekvieną kartą, kai danguje pamatydavo oro balioną?

Domande di comprensione

1. Com'era il cielo quando John e i suoi amici sono saliti in mongolfiera?

2. Da quanto tempo John e i suoi amici stavano progettando di salire in mongolfiera?

3. Cosa facevano John e i suoi amici quando erano in mongolfiera?

4. Cosa è andato storto con uno dei palloncini?

5. Come si sono sentiti John e i suoi amici mentre scendevano rapidamente verso il suolo?

6. Dove sono atterrati?

7. Qualcuno si è fatto male?

8. Cosa decise di fare John dopo l'incidente?

9. Cosa fecero gli amici di John dopo l'incidente?

10. Cosa faceva John ogni volta che vedeva una mongolfiera nel cielo?

Paplūdimyje

Po saulėtekio bangos būna stipresnės, o smėlis virš potvynio yra baltas. Nueinu į paplūdimį, **grožėdamasis** jūra ir saule. Mano kojų pirštai jaučia kriauklių griovelius. Smėlis šaltas ant mano kojų pirštų. Nusišypsau ir einu toliau. Potvynis didelis, todėl turiu būti atsargi, kad manęs neįtrauktų. Einu palei vandens pakraštį ir žaviuosi jūra. Saulėlydis **gražus,** o bangos šniokščia. Jaučiuosi tokia rami. Prieinu vietą, kur yra uolos atodanga. Atsisėdu ir stebiu bangas. Vanduo toks mėlynas, o dangus toks **oranžinis**. Jaučiuosi tarsi sapne. Užmerkiu akis ir tiesiog klausausi bangų. Ilgai taip sėdėjau, kol išgirdau, kad kažkas mane šaukia vardu.

Atmerkiu akis ir matau link manęs einančią mamą. Jos veidas susirūpinęs. Aš nusišypsau ir pamojuoju, ir ji **atsipalaiduoja**. "Man buvo įdomu, kur tu išėjai, - sako ji. "Džiaugiuosi, kad mėgaujiesi paplūdimiu." Atsakau: "Taip ir yra." "Čia taip gražu." "Žinau", - sako ji. "Kai buvau tavo amžiaus, nuolat čia lankydavausi." "Tikrai?" Paklausiu. "Taip", - atsako ji. "Tai ypatinga vieta." "Ar kada nors čia sutikai ką nors ypatingo?" Paklausiu. "Sutikau", - atsako ji su šypsena. "Tavo tėvą." "Tikrai?" **Nustebusi** sakau. "Taip", - sako ji. "Mes nuolat čia kartu ateidavome. Čia mes įsimylėjome. " Šypsausi,

In spiaggia

Dopo l'alba, le onde sono più forti e la sabbia sopra la marea è bianca. Cammino verso la spiaggia, **ammirando** il mare e il sole. Le mie dita dei piedi sentono i solchi delle conchiglie. La sabbia è fredda sulle dita dei piedi. Sorrido e continuo a camminare. La marea è alta, quindi devo fare attenzione a non farmi trascinare. Cammino lungo la riva, ammirando il mare. L'alba è **bellissima** e le onde si infrangono. Mi sento così in pace. Arrivo a un punto in cui c'è una roccia affiorante. Mi siedo e guardo le onde. L'acqua è così blu e il cielo è così **arancione**. Mi sembra di essere in un sogno. Chiudo gli occhi e ascolto le onde. Rimasi seduto lì per molto tempo, finché non sentii qualcuno che chiamava il mio nome.

Apro gli occhi e vedo mia madre che viene verso di me. Ha un'espressione preoccupata. Le sorrido e la saluto, e lei **si rilassa**. "Mi chiedevo dove fossi andata", dice. "Sono contenta che ti stia godendo la spiaggia". Io rispondo: "Lo sto facendo". "È così bello qui". "Lo so", dice. "Venivo sempre qui quando avevo la tua età". "Davvero?" Chiedo. "Sì", risponde. "È un posto speciale". "Hai mai incontrato qualcuno di speciale qui?". Le chiedo. "Sì", risponde sorridendo. "Tuo padre". "Davvero?" Dico, **sorpreso**. "Sì", dice

įsivaizduodama savo tėvus, įsimylėjusius šiame gražiame paplūdimyje. "Tai ypatinga vieta", - pakartoja ji. "Džiaugiuosi, kad šiandien čia atėjai."

Dar kurį laiką sėdime ir **stebime** bangas bei saulėlydį. Tada atsistojame ir grįžtame prie savo paplūdimio rankšluosčių. Atsigulu ir žiūriu į žvaigždes. Jaučiuosi tokia laiminga ir patenkinta. Bangos dabar garsiau plaukia, o smėlis šaltas. Saulė leidžiasi ir pučia vėsus vėjelis. Bangos daužosi į krantą, o ore tvyro druskos kvapas. Puikus vakaras būti paplūdimyje. Vaikštau palei krantą, **klausausi** bangų ošimo ir stebiu saulėlydį. Matau ant smėlio sėdinčią grupę žmonių, kurie juokiasi ir juokauja. Atrodo, kad jie puikiai leidžia laiką. Prieinu prie jų ir paklausiu, ar galiu prie jų prisijungti. Jie sutinka, ir mes visą likusį vakarą kalbamės, juokiamės ir stebime **saulėlydį**. Tai puikus vakaras. Su grupe kalbamės, kol saulė nusileidžia. Dalijamės istorijomis ir juokeliais, ir visi puikiai leidžiame laiką. Pradėjus temti, visi pradedame jaustis pavargę. **Atsisveikindami** pabučiuojame vieni kitus ir išsiskiriame. Grįžtu į viešbutį, jausdamasis laimingas ir patenkintas. Negaliu patikėti, kaip čia gražu. Esu toks laimingas, kad tai **patyriau.**

lei. "Venivamo sempre qui insieme. È qui che ci siamo innamorati. "Sorrido, **immaginando i** miei genitori che si innamorano su questa bellissima spiaggia. "È un posto speciale", ripete. "Sono felice che siate venuti qui oggi".

Rimaniamo seduti ancora per un po' a **guardare** le onde e il tramonto. Poi ci alziamo e torniamo ai nostri teli da mare. Mi sdraio e guardo le stelle. Mi sento così felice e soddisfatta. Le onde ora sono più forti e la sabbia è fredda. Il sole sta tramontando e soffia una brezza fresca. Le onde si infrangono sulla riva e nell'aria si sente l'odore del sale. È una serata perfetta per stare in spiaggia. Cammino lungo la riva, **ascoltando** il suono delle onde e guardando il tramonto. Vedo un gruppo di persone sedute sulla sabbia che ridono e scherzano. Sembra che si stiano divertendo molto. Mi avvicino a loro e chiedo se posso unirmi a loro. Mi rispondono di sì e passiamo il resto della serata a parlare, ridere e guardare il **tramonto**. È una serata perfetta. Io e il gruppo parliamo fino al tramonto. Condividiamo storie e battute e ci divertiamo molto. Quando la notte inizia a calare, cominciamo tutti a sentirci stanchi. Ci **salutiamo** con un bacio e ci separiamo. Torno al mio hotel, felice e soddisfatta. Non riesco a credere a quanto sia bello qui. Sono così fortunata ad averlo **vissuto**.

Supratimo klausimai

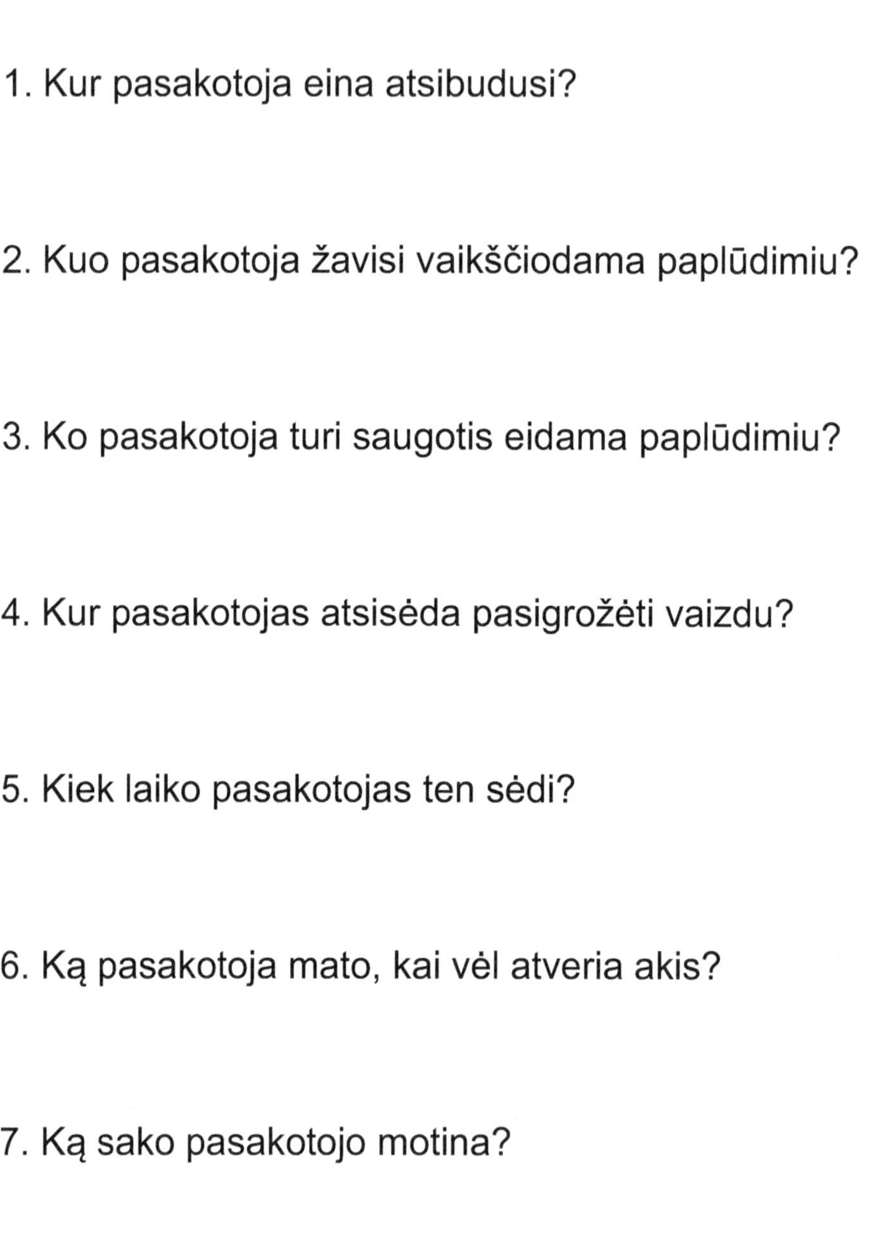

1. Kur pasakotoja eina atsibudusi?

2. Kuo pasakotoja žavisi vaikščiodama paplūdimiu?

3. Ko pasakotoja turi saugotis eidama paplūdimiu?

4. Kur pasakotojas atsisėda pasigrožėti vaizdu?

5. Kiek laiko pasakotojas ten sėdi?

6. Ką pasakotoja mato, kai vėl atveria akis?

7. Ką sako pasakotojo motina?

8. Apie ką kalbasi pasakotoja ir jos sutikti žmonės?

Domande di comprensione

1. Dove va la narratrice dopo essersi svegliata?

2. Che cosa ammira la narratrice mentre cammina lungo la spiaggia?

3. A che cosa deve fare attenzione la narratrice mentre cammina lungo la spiaggia?

4. Dove si siede il narratore per godersi il panorama?

5. Per quanto tempo il narratore rimane seduto lì?

6. Chi vede la narratrice quando riapre gli occhi?

7. Cosa dice la madre del narratore?

8. Di che cosa parlano il narratore e le persone che incontra?

Stovyklavimas prie ežero

Einu ežero link, **žavėdamasis** ramia aplinka. Saulė kepina nedidelį ežerą, todėl vanduo atrodo tarsi stiklo lakštas. Vienintelis judesys - retkarčiais paviršių **sudrebinanti** žuvis. Atrodo, kad net paukščiai ilsisi nuo karščio, o orą pripildo tik cikadų garsai. **Staiga** ramybę nutraukia garsus pliūpsnis. Didelė **žuvis** iššoka iš vandens, bandydama pagauti drakoniuką. Žuvis nepasiekia tikslo ir su šniokštimu krinta atgal į vandenį. "Oho, - pagalvoju sau, - tai buvo didelė žuvis!" Apsižvalgiau, ar dar kas nors ją matė, bet aplinkui nebuvo nė vieno žmogaus. Spėju, kad turėsiu jiems papasakoti, kai grįšiu į stovyklą.

Slegia karštis, todėl sunku kvėpuoti. Oras tirštas ir sunkus, tarsi apklotas. Vienintelis palengvėjimas - vanduo. Jis vėsus ir gaivus, tarsi šaltas gėrimas karštą dieną. Giliai įkvepiu ir pasineriu į vandenį. Lengvumas pajuntu iš karto, nes vėsus vanduo apsupa mane. Plaukiu iki dugno ir vėl išplaukiu į paviršių, jausdamas, kaip vanduo vėsina mano kūną. Toliau **plaukiu** ratus, mėgaudamasis atokvėpiu nuo karščio. Po kurio laiko išlipu iš vandens ir atsigulu ant žolės, kad saulė išdžiovintų mano kūną. Užmerkiu akis ir užmiegu, o

Campeggio al lago

Cammino verso il lago, **ammirando** la tranquillità della scena. Il sole batte sul piccolo lago, facendo sembrare l'acqua una lastra di vetro. L'unico movimento è l'increspatura occasionale di un pesce **che rompe** la superficie. Anche gli uccelli sembrano prendersi una pausa dal caldo, con il solo suono delle cicale che riempie l'aria. **All'improvviso**, la pace è rotta da un forte tonfo. Un grosso **pesce** è saltato fuori dall'acqua, cercando di catturare una libellula. Il pesce manca il bersaglio e ricade in acqua con un tonfo. "Wow", penso tra me e me, "quello era un pesce grosso!". Mi guardai intorno per vedere se qualcun altro l'avesse visto, ma non c'era nessuno. Immagino che dovrò raccontarlo quando tornerò al campo.

Il caldo è **opprimente** e rende difficile respirare. L'aria è densa e pesante, come una coperta che ti avvolge. L'unico sollievo è l'acqua. È fresca e rinfrescante, come una bibita fresca in una giornata calda. Faccio un respiro profondo e mi immergo nell'acqua. Il sollievo è immediato quando l'acqua fresca mi circonda. Nuoto fino al fondo e poi risalgo in superficie, sentendo l'acqua rinfrescare il mio corpo. Continuo a **nuotare** a vasche, godendomi la tregua dal caldo. Dopo un

cikadų garsai mane užmigdo giliu miegu. Leidžiu saulei iškepti vandenį iš mano odos. Jaučiu, kaip mano oda raudonuoja, bet man tai nerūpi. Man per karšta, kad man tai rūpėtų.Kitas dalykas, kurį žinau, - saulė jau leidžiasi. Dangus nusidažo gražia oranžine spalva su rausvais ir violetiniais dryžiais. Karštis dingo, jį pakeitė vėsus **vėjelis**.

Atsistoju ir vėl apsirengiu, jaučiuosi žvalus ir atjaunėjęs. Giliai **įkvepiu** vėsaus oro ir nusišypsau. Gera būti gyvam. Grįžtu į stovyklavietę ir žaviuosi, kaip danguje šoka spalvos. Tolumoje matau degantį laužą ir jaučiu ore tvyrantį dūmų kvapą. Nusišypsau ir **paspartinu** žingsnį. Esu pasiruošęs atsipalaiduoti ir mėgautis likusiu vakaru. Įeinu į stovyklavietę ir matau, kad visi susirinkę prie ugnies. Jie **juokiasi** ir juokauja, o aš matau, kaip ugnis atsispindi jų akyse. Nusišypsau ir atsisėdu šalia draugų. Gera sugrįžti. Kitą rytą pabundu anksti ir pradedu krautis daiktus. Nekantrauju grįžti į kelią ir tęsti kelionę. Atsisveikinu su draugais ir pradedu eiti tolyn. Eidamas paskutinį kartą pažvelgiu į **stovyklavietę**. Tolumoje matau tebedegančią ugnį ir jaučiu ore tvyrantį dūmų kvapą. Nusišypsau ir paspartinu žingsnį. Esu pasiruošęs tęsti **kelionę**.

po' esco dall'acqua e mi sdraio sull'erba, lasciando
che il sole asciughi il mio corpo. Chiudo gli occhi e mi
addormento, mentre il suono delle **cicale** mi culla in un
sonno profondo. Lascio che il sole scrosti l'acqua dalla
mia pelle. Sento la pelle arrossarsi, ma non mi importa.
Sono troppo accaldato per preoccuparmene. Il cielo è di
un bellissimo arancione, con striature di rosa e viola. Il
caldo è scomparso, sostituito da una fresca **brezza**.

Mi alzo e mi rivesto, sentendomi rinfrescata e
ringiovanita. **Respiro** profondamente l'aria fresca
e sorrido. È bello essere vivi. Torno al campeggio,
ammirando il modo in cui i colori danzano nel cielo.
Vedo il fuoco che arde in lontananza e sento l'odore del
fumo nell'aria. Sorrido e **accelero il** passo. Sono pronto
a rilassarmi e a godermi il resto della serata. Entro nel
campeggio e vedo che tutti sono riuniti intorno al fuoco.
Ridono e scherzano e posso vedere il fuoco riflesso nei
loro occhi. Sorrido e mi siedo accanto ai miei amici. È
bello essere tornati. La mattina dopo mi sveglio presto e
comincio a raccogliere le mie cose. Sono impaziente di
riprendere il cammino e continuare il mio viaggio. Saluto
i miei amici e mi incammino. Mentre cammino, do
un'ultima occhiata al **campeggio**. Vedo il fuoco ancora
acceso in lontananza e sento l'odore del fumo nell'aria.
Sorrido e accelero il passo. Sono pronto a continuare il
mio **viaggio**.

Supratimo klausimai

1. Kur eina vaikutis?

2. Koks oras?

3. Kaip atrodo vanduo?

4. Kaip vaikutis reaguoja į karštį?

5. Ką daro žuvis?

6. Kodėl vaikščiotojas yra vienas?

7. Kaip jaučiasi vanduo?

8. Kaip vaikutis jaučiasi po plaukimo?

9. Kuriuo paros metu vaikutis pabunda?

10. Kur eina vaikščiotojas, kai palieka stovyklą?

Domande di comprensione

1. Dove sta andando il camminatore?

2. Che tempo fa?

3. Che aspetto ha l'acqua?

4. Come reagisce il deambulatore al calore?

5. Cosa sta facendo il pesce?

6. Perché il camminatore è solo?

7. Come si sente l'acqua?

8. Come si sente il camminatore dopo il nuoto?

9. A che ora del giorno si sveglia il deambulatore?

10. Dove va l'ambulante quando lascia il campo?

Namas

Praėjusią savaitę persikėliau į naujus namus ir labai
džiaugiuosi! Jis daug didesnis už mano senąjį ir turi
didelį kiemą. Negaliu sulaukti, kada galėsiu pasikviesti
draugų į BBQ ir vakarėlius. Mano **mėgstamiausia**
dalis yra mano naujasis miegamasis. Jis toks didelis ir
šviesus, jame yra daug vietos visiems mano daiktams
susidėti. Esu labai patenkinta savo naujaisiais namais
ir manau, kad čia būsiu labai laiminga. Nusprendžiau
dar šiek tiek patyrinėti namus. Užlipau į antrą aukštą
ir pradėjau keliauti į virtuvę, kai ant sienos pamačiau
didelį juodą vorą! Ėmiau šaukti ir nubėgau žemyn. Aš
taip **išsigandau**! Bet po kelių minučių nusiraminau
ir nusprendžiau grįžti į viršų. Lėtai nuėjau į virtuvę
ir pamačiau, kad voras dingo. Man taip palengvėjo!
Grįžau žemyn ir nusprendžiau išeiti į lauką patyrinėti
kiemo. Jis buvo toks didelis! Negalėjau tuo patikėti.
Kampe pamačiau sūpynes ir čiuožyklą. Taip pat
pamačiau krepšinio tinklą ir **batutą**. Buvau tokia
susijaudinusi!

Negaliu sulaukti, kada galėsiu naudoti visus šiuos
naujus dalykus. Atėjo **kaimynai** ir prisistatė. Jie atrodė
labai malonūs, ir mes kurį laiką kalbėjomės. Jie pakvietė
mane į kitą savaitgalį vyksiančias kepsnines, ir aš
pasakiau, kad mielai ateisiu. Pirmąją savaitę naujuose

La casa

La settimana scorsa mi sono trasferita nella mia nuova casa e sono così **entusiasta**! È molto più grande di quella vecchia e ha un grande cortile. Non vedo l'ora di invitare gli amici per grigliate e feste. La mia parte **preferita** è la mia nuova camera da letto. È così grande e luminosa e ho molto spazio per mettere tutte le mie cose. Sono molto contenta della mia nuova casa e penso che sarò molto felice qui. Ho deciso di esplorare ancora un po' la casa. Sono salita al secondo piano e ho iniziato a dirigermi verso la cucina quando ho visto un grosso ragno nero sul muro! Ho urlato e sono corsa di sotto. Ero così **spaventata**! Ma dopo qualche minuto mi sono calmata e ho deciso di tornare di sopra. Mi sono avvicinata lentamente alla cucina e ho visto che il ragno non c'era più. Ero così sollevata! Tornai al piano di sotto e decisi di uscire per esplorare il **giardino**. Era così grande! Non potevo crederci. Vidi un'altalena in un angolo e uno scivolo. Vidi anche una rete da basket e un **trampolino**. Ero così eccitato!

Non vedo l'ora di usare tutto questo nuovo materiale. I **vicini sono** venuti e si sono presentati. Sembravano molto gentili e abbiamo parlato per un po'. Mi hanno invitato al loro barbecue il prossimo fine settimana e ho detto che mi sarebbe piaciuto venire. La prima

namuose praleidau puikiai ir džiaugiuosi visais naujais nuotykiais, kurie manęs laukia ateityje. Šiandien vėl eisiu tyrinėti kiemo ir pažiūrėsiu, ką dar rasiu. Kas žino, gal net rasiu kokį nors **lobį**. Nekantrauju pamatyti, ką atneš kita savaitė! Kitą savaitę vėl ėjau tyrinėti į kiemą ir radau **slaptą** sodą. Jis buvo toks gražus! Visur buvo gėlių ir mažas tvenkinys su žuvimis. Taip pat pamačiau sūpynes, kurių anksčiau nebuvau matęs. Labai džiaugiausi radęs šį slaptą sodą ir negaliu sulaukti, kada galėsiu jį ištyrinėti daugiau. Jis buvo toks **gražus**!

Visur buvo gėlių ir tvenkinys su žuvimis. Taip pat pamačiau **sūpynes, kurių** anksčiau nebuvau matęs. Labai džiaugiausi radusi šį slaptą sodą ir negaliu sulaukti, kada galėsiu jį patyrinėti daugiau. Man taip pat labai patiko mano naujasis kambarys. Jis buvo toks didelis ir šviesus, o ant sienų jau kabojo mano mėgstamų grupių plakatai. Man net nereikėjo atsivežti jokių savo **baldų,** nes čia jau buvo lova, komoda ir rašomasis stalas. Tai bus patys geriausi metai! Šiek tiek jaudinausi pradėdama mokytis naujoje **mokykloje,** bet visi mano naujieji kaimynai buvo tokie draugiški. Netgi susipažinau su mergaite, kuri gyvena kaimynystėje, ir ji sakė, kad pirmąją dieną eis su manimi į mokyklą pėsčiomis. Man labai patinka mano naujieji namai ir labai džiaugiuosi galėdama pradėti šį naują gyvenimo etapą!

settimana nella mia nuova casa è stata fantastica e sono entusiasta di tutte le nuove avventure che mi aspettano. Oggi andrò di nuovo a esplorare il cortile per vedere cos'altro riesco a trovare. Chissà, forse troverò anche un **tesoro**. Non vedo l'ora di vedere cosa mi porterà la prossima settimana! La settimana successiva sono andata di nuovo in esplorazione nel cortile e ho trovato un giardino **segreto**. Era così bello! C'erano fiori dappertutto e un laghetto con i pesci. Ho visto anche un'altalena che non avevo mai visto prima. Ero così entusiasta di aver trovato questo giardino segreto e non vedo l'ora di esplorarlo ancora. Era così **bello**!

C'erano fiori dappertutto e un laghetto con dei pesci. Ho anche visto un'**altalena** che non avevo mai visto prima. Ero così entusiasta di aver trovato questo giardino segreto e non vedo l'ora di esplorarlo meglio. Mi è piaciuta molto anche la mia nuova stanza. Era così grande e luminosa e sulle pareti c'erano già i poster delle mie band preferite. Non ho nemmeno dovuto portare i miei **mobili**, perché c'erano già un letto, una cassettiera e una scrivania. Questo sarà l'anno migliore di sempre! Ero un po' nervosa all'idea di iniziare una nuova **scuola**, ma tutti i miei nuovi vicini sono stati così amichevoli. Ho persino conosciuto una ragazza che abita nella casa accanto e ha detto che verrà a scuola con me il primo giorno. Adoro la mia nuova casa e sono così entusiasta di iniziare questo nuovo capitolo della mia vita! Domani sarà fantastico!

Supratimo klausimai

1. Kur asmuo gyvena?

2. Kaip žmogui patinka naujuose namuose?

3. Kokia yra mėgstamiausia naujojo namo dalis?

4. Ką žmogus rado sode?

5. Kas yra kaimynai?

6. Kaip žmogus jautėsi pirmosiomis dienomis naujuose namuose?

7. Kokia yra mėgstamiausia naujojo kambario dalis?

8. Ką asmuo planuoja daryti rytoj?

9. Kokia buvo geriausia pirmoji asmens savaitė naujuose namuose?

Domande di comprensione

1. Dove vive la persona?

2. Come si trova la persona nella nuova casa?

3. Qual è la parte preferita della nuova casa?

4. Che cosa ha trovato la persona nel giardino?

5. Chi sono i vicini?

6. Come sono stati i primi giorni nella nuova casa?

7. Qual è la parte preferita della nuova stanza?

8. Che cosa ha intenzione di fare domani?

9. Qual è stata la parte migliore della prima settimana nella nuova casa?

Traukinyje

Nubėgau į traukinių stotį, bet pavėlavau. Traukinys jau buvo išvykęs be manęs. Jaučiausi toks **piktas** ir **nusivylęs** savimi. Buvau suplanavusi traukiniu nuvažiuoti aplankyti kaime gyvenančių senelių, bet dabar turėjau visą valandą laukti kito traukinio. Nusprendžiau kurį laiką pasivaikščioti po miestą ir bandžiau pamiršti praleistą progą. Vaikščiodama ėmiau **svajoti** apie visas vietas, į kurias gali nuvežti **traukiniai.** Staiga nebebuvau toks nusiminęs. Grįžtu į stotį ir negaliu nepastebėti didelio raudonos, baltos ir mėlynos spalvos lokomotyvo, riedančio link manęs. Tik tada, kai pro langą pamatau **konduktorių, kuris** man mojuoja, suprantu, kad šis traukinys skirtas man. Įlipu į traukinį, susirandu savo vietą ir įsitaisau, kad kelionė bus ilga.

Kai išvažiuojame iš stoties, negaliu nesusimąstyti, kur šis traukinys mane nuveš. Per žaliuojančius **laukus,** mėlynas upes, kalnus ir slėnius - nežinia, kur šis senas traukinys nuveš. Prasidėjus nakčiai, užmiegu **ramiu** miegu, užliūliuotas **ritmingo** vagonų judėjimo ant bėgių apačioje. Kai vėl išaušta rytas, atmerkiu akis ir matau, kad atvykome į mažą miestelį kažkur viduryje niekur. Saulė vos išlindo iš už horizonto, o pagrindinėje gatvėje pradeda šurmuliuoti vietiniai gyventojai; čia viskas atrodo kaip bet kurią kitą dieną, išskyrus vieną

Sul treno

Corsi alla stazione ferroviaria, ma ero troppo in ritardo. Il treno era già partito senza di me. Mi sentivo così **arrabbiata** e **delusa** con me stessa. Avevo intenzione di prendere il treno per andare a trovare i miei nonni che vivono in campagna, ma ora avrei dovuto aspettare un'ora intera per il treno successivo. Decisi invece di passeggiare un po' per la città, cercando di dimenticare l'occasione persa. Mentre camminavo, ho iniziato a **sognare a occhi aperti** tutti i luoghi in cui il **treno** può portarti. Improvvisamente, non ero più così arrabbiata. Rientro in stazione e non posso fare a meno di notare la grande locomotiva rossa, bianca e blu che si dirige verso di me. Solo quando vedo il **capotreno che** mi saluta dal finestrino capisco che quel treno è per me. Salgo sul treno e trovo il mio posto, sistemandomi per quello che si preannuncia un lungo viaggio.

Mentre usciamo dalla stazione, non posso fare a meno di chiedermi dove mi porterà questo treno. Attraverso **campi** verdi e fiumi blu, passando per montagne e valli, non si sa dove andrà questo vecchio treno. Quando inizia a calare la notte, mi addormento in un sonno **tranquillo**, cullato dal movimento **ritmico** dei vagoni sui binari sottostanti. Quando arriva il mattino, apro gli occhi e scopro che siamo arrivati in una piccola città

dalyką - prie rotušės kabo didelis užrašas: "Sveiki atvykę į miestą!" Atrodo, kad šis mažas miestelis mūsų laukė, nors esame tik paprastas **keleivinis** traukinys, važiuojantis pro šalį pakeliui. Kai vėl paliekame miestelį už nugaros ir važiuojame nežinia kur, šypsodamasi stebiu visus draugiškus veidus, kurie mojavo atsisveikindami iš tų mažų namų, įsispraudusių tarp **žemės ūkio paskirties žemės**. Ir, žinoma, **vaikai**.

Pasilenkiu pro lokomotyvo langą. Jie visada mane džiugina savo spindinčiomis akimis ir plačia šypsena. Prieš grįždamas į savo **kabiną** ir atsisėsdamas energingai jiems pamojuojuoju atgal. Diena jau buvo ilga, bet ji dar nesibaigė; iki galutinio **kelionės tikslo liko** dar kelios valandos. Išsitraukiu knygą ir pradedu skaityti, leisdamas, kad ritmingas traukinio siūbavimas užliūliuotų mane į ramią būseną. Kartkartėmis žvilgteliu į lauke besidriekiančius peizažus - jie niekada nepabosta, nesvarbu, kiek kartų juos matau. Galiausiai pradeda temti ir tolumoje pasirodo **žybsinčios** šviesos; mes jau artėjame.

nel bel mezzo del nulla. Il sole fa appena capolino all'orizzonte, mentre la gente del posto inizia a girare per la Main Street; sembra un giorno come un altro, tranne che per una cosa: c'è un grande cartello affisso vicino al municipio che recita "Benvenuti a bordo!". Sembra che questa piccola città ci stesse aspettando, anche se siamo solo un normale treno **passeggeri** di passaggio sulla nostra strada. Mentre ci lasciamo ancora una volta la città alle spalle, andando verso chissà dove, sorrido a tutte le facce amichevoli che ci salutano da quelle casette incastonate tra i **campi coltivati:** è davvero incredibile come qualcosa di così apparentemente ordinario possa portare tanta gioia semplicemente passando di lì. E poi, naturalmente, ci sono i **bambini**.

Mi affaccio al finestrino della mia locomotiva. Mi fanno sempre sentire così felice con i loro occhi lucidi e i loro grandi sorrisi. Li saluto energicamente prima di tornare nella mia **cabina** e sedermi. È stata già una lunga giornata, ma non è ancora finita; mancano ancora alcune ore per raggiungere la nostra **destinazione** finale. Tiro fuori il mio libro e inizio a leggere, lasciando che il dondolio ritmico del treno mi culli in uno stato di pace. Di tanto in tanto alzo lo sguardo verso il paesaggio che passa fuori: non diventa mai vecchio, anche se lo vedo tante volte. Alla fine inizia a calare la notte e le luci **scintillanti** cominciano ad apparire in lontananza; ci stiamo avvicinando.

Supratimo klausimai

1. Kur važiuoja traukinys?

2. Kas keliauja traukiniu?

3. Kada išvyksta traukinys?

4. Kaip veikėjas patenka į traukinį?

5. Iš kur atvyksta traukinys?

6. Kur toliau važiuoja traukinys?

7. Kada atvyko keleiviai?

8. Kaip jaučiasi veikėjas, kai pavėluoja į traukinį?

9. Kaip reaguoja traukinio mašinistas, pamatęs pagrindinį veikėją?

10. Kodėl veikėjas mėgsta traukinius?

Domande di comprensione

1. Dove va il treno?

2. Chi viaggia sul treno?

3. Quando parte il treno?

4. Come fa il protagonista a salire sul treno?

5. Da dove viene il treno?

6. Dove è diretto il treno?

7. Quando sono arrivati i passeggeri?

8. Come si sente il protagonista quando perde il treno?

9. Come reagisce il macchinista quando vede il protagonista?

10. Perché al protagonista piacciono i treni?

Vakarienės gaminimas

Dabar 17 val., einu iš darbo namo. **Laukiu** ramaus vakaro namuose su savo partneriu. Kartu gaminsime vakarienę, o paskui tiesiog atsipalaiduosime likusią nakties dalį. Gera žinoti, kad šį **vakarą** neturiu jokių planų ar įsipareigojimų. Grįžtu namo, o mano partneris jau virtuvėje ir pradeda ruošti vakarienę. Čia **nuostabiai** kvepia! Gamindami maistą kalbamės, pasakojame apie vienas kito dienas ir dalijamės mažomis istorijomis iš savo darbo gyvenimo. Virtuvė yra mano mėgstamiausias mūsų buto kambarys. Man patinka gaminti maistą, o ypač patinka gaminti su savo partneriu. Čia visada taip gerai leidžiame laiką, juokiamės ir juokaujame, kol gaminame maistą. Be to, kai dirbame **kartu,** maistas visada būna **neįtikėtinas**.

Šįvakar gaminsime vieną mėgstamiausių mano receptų: **vištieną** su parmezanu. Mano partneris pradeda kepti vištieną, o aš ant **viryklės** verdu padažą. Dirbame kartu kaip gerai sutepta mašina, ir netrukus vakarienė jau paruošta patiekti. Sėdime prie savo mažo virtuvės stalo, kurio **lėkštės** prikrautos parmezano vištienos, makaronų ir salotų. Skimbtelime taurėmis ir pirmą kartą užkandame - ir tai tiesiog **dieviška**! Vištiena iš

Cucinare la cena

Sono le 17.00 e sto tornando a casa dal lavoro. Non vedo l'**ora** di passare una serata tranquilla a casa con il mio compagno. Cucineremo insieme la cena e poi ci rilasseremo per il resto della serata. È bello sapere che questa **sera non ho** programmi o obblighi. Arrivo a casa e il mio partner è già in cucina a preparare la cena. C'è un profumo **fantastico** qui dentro! Chiacchieriamo mentre cuciniamo, raccontandoci le nostre giornate e condividendo piccole storie della nostra vita lavorativa. La cucina è la mia stanza preferita del nostro appartamento. Adoro cucinare e soprattutto adoro farlo con il mio compagno. Ci divertiamo sempre molto qui dentro, ridendo e scherzando mentre cuciniamo. Inoltre, il cibo è sempre **incredibile** quando lavoriamo **insieme**.

Stasera prepariamo una delle mie ricette preferite di sempre: il **pollo** alla parmigiana. Il mio collega inizia a impanare il pollo, mentre io faccio cuocere la salsa sul **fuoco**. Lavoriamo insieme come una macchina ben oliata e in poco tempo la cena è pronta da servire. Ci sediamo al tavolo della nostra cucina con i **piatti** colmi di pollo alla parmigiana, pasta e insalata. Facciamo tintinnare i bicchieri e assaggiamo il primo

išorės traški, o viduje sultinga; padažas aromatingas
ir tobulas; makaronai išvirti al dente... viskas šį vakarą
visiškai tobula. Abu žinome, kad tai buvo vienas iš tų
vakarų, kai viskas puikiai susiklostė, nes **mėgaujamės**
kiekvienu gardžiu kąsniu. Skonis buvo dar geresnis
nei kvapas - o jis buvo velniškai geras! Valgį baigiame
gana greitai, nes nė vienas iš mūsų šiandien nebuvo
itin alkanas, bet neskubėdami mėgaujamės dar keliomis
taurėmis vyno, lengvai šnekučiuodamiesi tai viena, tai
kita tema. Po vakarienės kartu greitai nusiprausiame ir
persikeliame į kambarį, kur kurį laiką **glaudžiamės** ant
sofos žiūrėdami televizorių.

Po ilgos **darbo** dienos, praleistos atskirai, taip malonu
būti šalia vienas kito. Jaučiuosi patenkinta. Nors
vakaras nebuvo turiningas, buvo malonu tiesiog
pabūti kartu, neišeinant iš namų. Pažiūrėjome filmą ir
anksti nuėjome miegoti, jausdamiesi **patenkinti** savo
paprastu vakaru. Tai tapo vienu **mėgstamiausių** mūsų
užsiėmimų vakarais, kai nenorime niekur eiti - tiesiog
atsipalaiduoti namie ir mėgautis vienas kito draugija prie
namuose paruošto maisto. Visada malonu žinoti, kad po
ilgos dienos galime čia sugrįžti ir tiesiog pabūti savimi.

boccone... ed è **paradisiaco**! Il pollo è croccante all'esterno ma succoso all'interno; il sugo è saporito e perfetto; la pasta è cotta al dente... tutto ha un sapore assolutamente perfetto stasera. Sappiamo entrambi che questa è stata una di quelle sere in cui tutto si è unito alla perfezione, mentre **assaporiamo** fino all'ultimo boccone il nostro delizioso pasto. Il sapore era persino migliore del profumo, che era dannatamente buono! Finiamo il pasto relativamente in fretta, visto che oggi nessuno dei due ha particolarmente fame, ma ci prendiamo tutto il tempo necessario per goderci qualche altro **bicchiere di** vino chiacchierando con leggerezza di questo e quell'argomento. Dopo cena, puliamo velocemente insieme e poi ci spostiamo in salotto, dove passiamo un po' di tempo **a coccolarci** sul divano guardando la TV.

È così bello stare vicini dopo una lunga giornata di **lavoro**. Mi sento soddisfatta. Anche se non abbiamo avuto una serata movimentata, è stato bello passare un po' di tempo insieme senza dover uscire di casa. Abbiamo guardato un film e siamo andati a letto presto, sentendoci **soddisfatti** della nostra semplice serata. Questa è diventata una delle cose che **preferiamo** fare nelle sere in cui non vogliamo uscire: rilassarci a casa e goderci la reciproca compagnia con un pasto fatto in casa. È sempre bello sapere che possiamo tornare qui dopo una lunga giornata ed essere semplicemente noi stessi.

Supratimo klausimai

1. Iš kur kilęs pasakotojas?

2. Ką pasakotojas veikia po darbo?

3. Ką pasakotojas valgo vakarienei?

4. Kodėl pasakotojui patinka virtuvė?

5. Kokį patiekalą gamina pora?

6. Kaip pasakotojas jaučiasi vakaro pabaigoje?

7. Ką pora mėgsta veikti?

8. Ką pora daro, kai pavargsta?

9. Kur jie miega?

10. Kodėl pasakotojas mėgsta likti namuose?

Domande di comprensione

1. Da dove viene il narratore?

2. Cosa fa il narratore dopo il lavoro?

3. Cosa mangia il narratore per cena?

4. Perché al narratore piace la cucina?

5. Che tipo di piatto cucina la coppia?

6. Come si sente il narratore alla fine della serata?

7. Qual è la cosa che la coppia preferisce fare?

8. Cosa fa la coppia quando è stanca?

9. Dove dormono?

10. Perché al narratore piace stare a casa?

Vaikščiojimas namo

Buvo **rami** naktis, kai ėjau namo iš darbo. Eidamas negalėjau nesišypsoti prisiminimams. Buvo gera grįžti į savo senąjį rajoną. Mojau keliems pažįstamiems žmonėms, o jie mojavo man atgal. Buvo gera būti namie. Ėjau pro savo senąją mokyklą ir **prisiminiau** visus gerus laikus, praleistus su draugais. Visada kartu eidavome namo ir kalbėdavomės apie savo dieną. **Kartais** sustodavome nusipirkti ledų arba nueidavome į parką. Tai buvo geriausi laikai. Pasiilgau tų laikų. Bet dabar turiu savo šeimą ir esu patenkintas savo gyvenimu. Džiaugiuosi, kad galiu atsigręžti į tuos prisiminimus ir šypsotis. Jie yra mano gyvenimo dalis, kurią visada branginsiu. Tai buvo geriausi laikai. Pasiilgstu tų laikų. Bet dabar turiu savo šeimą ir esu laimingas savo gyvenimu. Džiaugiuosi, kad galiu atsigręžti į tuos **prisiminimus** ir šypsotis. Jie yra mano gyvenimo dalis, kurią visada branginsiu.

Einu toliau, galvodamas apie gerus laikus, praleistus su draugais. Žinau, kad netrukus vėl juos pamatysiu. Einu namų link ir nusprendžiu pasivaikščioti po netoliese esantį parką. Saulė leidžiasi ir dangus nusidažo **gražia** oranžine spalva. Parkas tuščias, išskyrus kelis medžiuose čiulbančius paukščius. Giliai **įkvepiu** ir

Camminare verso casa

Era una notte **tranquilla** mentre tornavo a casa dal lavoro. Mentre camminavo, non potevo fare a meno di sorridere ai ricordi. Era bello tornare nel mio vecchio quartiere. Salutai alcune persone che conoscevo e loro ricambiarono il saluto. Era bello essere a casa. Passai davanti alla mia vecchia scuola e **ricordai** tutti i bei momenti passati con i miei amici. Tornavamo sempre a casa insieme e parlavamo della nostra giornata. **A volte ci** fermavamo a prendere un gelato o andavamo al parco. Erano i momenti migliori. Mi mancano quei momenti. Ma ora ho la mia famiglia e sono felice della mia vita. Sono felice di poter guardare indietro a quei ricordi e sorridere. Sono una parte della mia vita che conserverò per sempre. Erano i tempi migliori. Mi mancano quei tempi. Ma ora ho la mia famiglia e sono felice della mia vita. Sono felice di poter guardare indietro a quei **ricordi** e sorridere. Sono una parte della mia vita che conserverò per sempre.

Continuo a camminare, pensando ai bei momenti passati con i miei amici. So che li rivedrò presto. Mi dirigo verso casa e decido di passeggiare in un parco lì vicino. Il sole sta tramontando e il cielo sta diventando di un **bel** colore arancione. Il parco è vuoto, a parte

nusišypsau. Eidamas per parką matau, kaip dangumi nusidriekia krintanti žvaigždė. Palinkėjau tai žvaigždei ir ėjau toliau. Pagalvoju apie savo darbo dieną ir apie tai, kokia ji buvo **rami.** Šypsausi sau, galvodamas apie tai, kaip man pasisekė, kad turiu tokį puikų darbą. Einu namo, **jausdamas** ant odos vėsų nakties orą. Jaučiuosi tokia gyva ir laiminga, tiesiog mėgaujuosi paprastu ėjimu namo ramią naktį.

Jaučiausi taip gerai, kad pradėjau **švilpauti**. Praėjau pro kelis žmones gatvėje, bet jie visi rūpinosi savo reikalais.

Pasukusi už kampo į savo gatvę, pamačiau kaimynės katiną poną Viskersą, sėdintį verandoje. Pasisveikinau su juo ir jis miauktelėjo atgal. **Atrakinau** duris ir įėjau į vidų. Buvau tokia laiminga, kad esu namie. Nusiaviau batus ir susiruošiau miegoti. Tą vakarą ėjau miegoti jausdamasis laimingas ir dėkingas, mano širdis buvo pilna meilės. Visą naktį miegojau ramiai, dėl nieko nesijaudindamas. Pabudau iš ramaus miego ir mane **pasitiko** pro langą šviečianti saulė. Pakilau iš lovos ir išsitiesiau, giliai įkvėpiau ir pajutau, kaip vėsus oras pripildo mano plaučius. Priėjau prie lango ir pažvelgiau į lauką, girdėdamas čiulbančius paukščius ir žaidžiančias **voveres.** Nusišypsojau ir nuėjau apsirengti, jausdamasis laimingas ir patenkintas.

qualche uccello che cinguetta tra gli alberi. Faccio un **respiro** profondo e sorrido. Mentre cammino nel parco, vedo una stella cadente che attraversa il cielo. Esprimo un desiderio su quella stella e continuo a camminare. Penso alla mia giornata di lavoro e a quanto sia stata **tranquilla**. Sorrido tra me e me, pensando a quanto sono fortunata ad avere un lavoro così bello. Cammino verso casa, **sentendo** l'aria fresca della notte sulla mia pelle. Mi sento così viva e felice, godendomi il semplice atto di tornare a casa in una notte tranquilla.
Mi sentivo così bene che iniziai a **fischiettare**. Passai accanto ad alcune persone per strada, ma tutte si facevano gli affari loro.

Svoltato l'angolo della mia strada, vidi il gatto del mio vicino, Mr. Whiskers, seduto sul mio portico. Lo salutai e lui ricambiò il miagolio. **Aprii la** porta ed entrai.
Ero così felice di essere a casa. Mi tolsi le scarpe e mi preparai per andare a letto. Quella sera andai a letto felice e grata, con il cuore pieno d'amore. Dormii profondamente per tutta la notte, senza preoccuparmi di nulla. Mi svegliai da un sonno ristoratore e fui **accolta** dal sole che entrava dalla finestra. Mi alzai dal letto e mi stiracchiai, facendo un respiro profondo e sentendo l'aria fresca riempirmi i polmoni. Mi avvicinai alla finestra e guardai fuori, sentendo gli uccelli cinguettare e gli **scoiattoli** giocare. Sorrisi e andai a vestirmi, sentendomi felice e soddisfatta.

Supratimo klausimai

1. Ką veikė pagrindinis veikėjas, kai istorija prasidėjo?

2. Apie ką veikėjas galvojo eidamas namo?

3. Ką veikėjas veikdavo su draugais po pamokų?

4. Ko veikėjas pasigenda iš tų laikų?

5. Ką veikėjas galvoja apie savo dabartinį gyvenimą?

6. Ką daro pagrindinis veikėjas, pamatęs krintančią žvaigždę?

7. Kaip jaučiasi veikėjas, kai eina namo?

8. Ką veikėjas daro grįžęs namo?

9. Kaip jaučiasi veikėjas, kai pabunda kitą rytą?

10. Ką veikėjas veikia kitą dieną?

Domande di comprensione

1. Cosa stava facendo il protagonista quando è iniziata la storia?

2. A cosa pensava il protagonista mentre tornava a casa?

3. Cosa faceva il protagonista con gli amici dopo la scuola?

4. Cosa manca al protagonista di quei tempi?

5. Cosa pensa il protagonista della sua vita attuale?

6. Cosa fa il protagonista quando vede una stella cadente?

7. Come si sente il protagonista quando torna a casa?

8. Cosa fa il protagonista quando torna a casa?

9. Come si sente il protagonista quando si sveglia la mattina dopo?

10. Cosa fa il protagonista il giorno dopo?

Pilis

Šeima visada norėjo aplankyti seną pilį **Vokietijoje**
ir galiausiai išsiruošė į kelionę. Jie **nenusivylė**. Pilis
buvo graži, jiems patiko tyrinėti daugybę jos kambarių
ir koridorių. Pirmiausia juos pribloškė kvapas. Jie aptiko
pelėsio, drėgmės ir dar kažko, ko negalėjo įvardyti.
Antrasis dalykas buvo garsas. Akmeninės sienos
storos, bet jos visiškai nenuslopina garso. Jie girdėjo
kiekvieną žingsnį, kiekvieną normaliu balsu ištartą žodį
ir retkarčiais **kažkur** tolumoje pasigirstantį vandens
lašėjimą. Kai akys prisitaikė prie neryškios šviesos,
pamatė aplink juos stūksančias masyvias akmenines
sienas, nuo kurių kabojo gobelenai **suplėšytais**
gabalais. Jie stovėjo didžiulėje salėje su aukštomis
lubomis, kurias palaikė raižytos kolonos. Jiems taip
pat patiko vaizdai iš bokštelių, o vaikai puikiai leido
laiką bėgiodami po teritoriją. Kai jie baigė tyrinėti pilį,
pradėjo leistis **saulė**, ir jie apgailestavo, kad nepasiėmė
žibintuvėlio. Jie nusprendė grįžti atgal prie įėjimo, bet
netrukus pasiklydo. Jiems atrodė, kad jie klaidžioja
ištisas valandas, kol galiausiai priėjo duris, vedančias
į lauką. Jie ėjo toliau, kol **pasiekė** koridoriaus galą
ir priėjo prie įspūdingų dvigubų durų. Kad ir kaip
stengėsi, durys nejudėjo. Jos **grėsmingai** trakštelėjo,
bet nepajudėjo nė per centimetrą. Atrodė, kad tas, kas
čia buvo anksčiau, turėjo pro jas praeiti ir užrakinti iš

Il castello

La famiglia aveva sempre desiderato visitare un antico castello in **Germania** e finalmente ha intrapreso il viaggio. Non sono rimasti **delusi**. Il castello era bellissimo e si sono divertiti a esplorare le sue stanze e i suoi corridoi. La prima cosa che li colpì fu l'odore. Trovarono **muffa**, umidità e qualcos'altro che non riuscirono a definire con precisione. La seconda cosa è stata il suono. I muri di pietra sono spessi, ma non attutiscono completamente il suono. Sentirono ogni passo, ogni parola pronunciata con voce normale e l'occasionale gocciolio dell'acqua **da qualche parte** in lontananza. Quando i loro occhi si adattarono alla luce fioca, videro le massicce mura di pietra che incombevano intorno a loro, con gli arazzi appesi a **brandelli**. Si trovavano in un'enorme sala con un alto soffitto sostenuto da pilastri scolpiti. Anche a loro piaceva molto la vista che si godeva dalle torrette e i bambini si divertivano un mondo a correre per il parco. Quando finirono di esplorare il castello, il **sole** era già tramontato e si pentirono di non aver portato una **torcia**. Decisero di tornare all'ingresso, ma si persero subito. Vagarono per ore e ore, finché alla fine trovarono una porta che conduceva all'esterno. Proseguirono fino **alla** fine del corridoio e si trovarono davanti a un'imponente serie di doppie porte. Per

vidaus. Galiausiai jie rado išeitį. Išėjus į vėsų nakties orą juos apėmė palengvėjimas.

Saulė pradėjo leistis, ir jie **apgailestavo, kad** nepasiėmė žibintuvėlio. Jie nusprendė grįžti atgal prie įėjimo, bet netrukus pasimetė. Jiems atrodė, kad jie klaidžioja ištisas valandas, kol galiausiai priėjo duris, vedančias į **lauką**. Kai jie išėjo į vėsų nakties orą, juos apėmė palengvėjimas. Kitą vakarą jie būtinai pasiėmė žibintuvėlį, kad ištyrinėtų likusią pilies dalį. Jie ėjo per **kiemą** ir nusileido prie upės, tekančios už **pilies** sienų. Vaikščiodami jie ėmė girdėti keistus garsus. Atrodė, kad kažkas juos seka. Jie paspartino žingsnį, bet garsai darėsi vis stipresni ir artimesni. Šeima kuo greičiau nubėgo atgal į pilį ir su palengvėjimu pastebėjo, kad **tamsiu** apsiaustu vilkinti figūra jų nesekė.

quanto potessero, le porte non si muovevano. Scricchiolano **minacciosamente**, ma non si muovono di un millimetro. Sembrava che chiunque fosse stato qui prima dovesse essere passato di qui e averle chiuse dall'interno. Alla fine trovano una via d'uscita. Il sollievo li invade mentre escono nell'aria fresca della notte.

Il sole aveva iniziato a tramontare e si **pentirono di non aver** portato una torcia elettrica. Decisero di tornare all'ingresso, ma presto si persero. Vagarono per ore e ore, finché alla fine trovarono una porta che conduceva all'**esterno**. Il sollievo li colse quando uscirono nell'aria fresca della notte. La sera successiva si assicurarono di portare con sé una torcia per esplorare il resto del castello. Attraversarono il **cortile** e scesero fino al fiume che scorreva dietro le mura del **castello**. Mentre camminavano, cominciarono a sentire strani rumori. Sembrava che qualcuno li stesse seguendo. Accelerarono il passo, ma i rumori diventavano sempre più forti e vicini. La famiglia tornò al castello il più velocemente possibile e si accorse con sollievo che la figura con il mantello **scuro** non li aveva seguiti.

Supratimo klausimai

1. Ką darė šeima, kai pasiklydo pilyje?

2. Kaip jautėsi šeima, kai sužinojo, kad tai tik vietinis žmogus?

3. Ką vyras padarė, kad buvo suimtas?

4. Kokia bausmė buvo skirta tam vyrui?

5. Kokį triukšmą šeima girdėjo eidama?

6. Kur buvo figūra tamsiu apsiaustu, kai šeima ją pamatė?

7. Ką šeima darė grįžusi į savo kambarį?

8. Kada šeima vėl išvyko apžiūrėti pilies?

9. Kokio dalyko šeima negalėjo suprasti?

10. Ką šeima veikė prieš vėl eidama tyrinėti pilies?

Domande di comprensione

1. Cosa fece la famiglia quando si perse nel castello?

2. Come si è sentita la famiglia quando ha scoperto che si trattava solo di un uomo del posto?

3. Che cosa ha fatto l'uomo che lo ha fatto arrestare?

4. Qual è stata la sentenza per l'uomo?

5. Quale rumore ha sentito la famiglia mentre camminava?

6. Dov'era la figura con il mantello scuro quando la famiglia lo vide?

7. Che cosa ha fatto la famiglia quando è tornata nella sua stanza?

8. Quando la famiglia è tornata a esplorare il castello?

9. Qual era la cosa che la famiglia non riusciva a capire?

10. Cosa fece la famiglia prima di tornare a esplorare il castello?

Mano sodas

Mano sodas yra mano laimės vieta. Kiekvieną dieną, lyjant ar šviečiant lietui, einu į jį ir leidžiu laiką prižiūrėdama savo augalus. Turiu **visko po** truputį - **daržovių,** vaisių, gėlių, žolelių. Turiu net kelias vištas, kurios padeda saugotis kenkėjų. Dienas sode pradedu nuo vištų kiaušinių. Tada patikrinu savo daržoves, įsitikinu, kad jos gauna pakankamai vandens ir saulės. Išraviu lysves ir išnaikinu visus augalus **puolančius** vabalus. Kai **viskas sutvarkyta,** atsisėdu ir mėgaujuosi gamtos ramybe.

Visada mėgau leisti laiką sode. Yra kažkas tokio, kai mane supa gamta ir visas jos teikiamas **grožis.** Manau, kad tai labai rami ir guodžianti vieta. Dažnai sode praleidžiu laiką tiesiog ilsėdamasi ir mėgaudamasi kraštovaizdžiu. Man taip pat patinka dirbti sode ir auginti augalus. Turiu gana nemažą sodą ir mėgstu jame auginti **įvairius** daiktus. Auginu gėles, **daržoves** ir žoleles. Taip pat turiu keletą vaismedžių, kurie augina skanius obuolius, kriaušes ir slyvas. Be to, kad auginu augalus, man taip pat patinka leisti laiką vaikštinėjant po sodą ir **grožintis** įvairiais augalais ir gyvūnais, kurie čia gyvena. Per daugelį metų praleidau daugybę valandų, kad mano **sodas būtų** ne tik gražus, bet ir funkcionalus. Mėgstu stebėti, kaip aplink skraido

Il mio giardino

Il mio giardino è il mio luogo felice. Esco ogni giorno, con la pioggia o con il sole, e passo il tempo a curare le mie piante. Ho un po' di **tutto: verdure**, frutta, fiori, erbe aromatiche. Ho anche alcune galline che mi aiutano a tenere lontani i parassiti. Inizio le mie giornate in giardino raccogliendo le uova dalle galline. Poi controllo le verdure, assicurandomi che ricevano acqua e sole a sufficienza. Diserbo le aiuole e rimuovo gli insetti che potrebbero **attaccare** le piante. Una volta sistemato **tutto**, mi siedo e mi godo la pace e la tranquillità della natura.

Ho sempre amato trascorrere del tempo nel mio giardino. C'è qualcosa nell'essere circondati dalla natura e da tutta la **bellezza che** ha da offrire. Trovo che sia un luogo molto tranquillo e rilassante. Spesso trascorro il tempo nel mio giardino rilassandomi e godendomi il paesaggio. Mi piace anche lavorare nel mio giardino e coltivare. Ho un giardino di buone dimensioni e mi piace coltivare **diverse** cose. Coltivo fiori, **verdure** ed erbe aromatiche. Ho anche alcuni alberi da frutto che producono mele, pere e prugne deliziose. Oltre a coltivare, mi piace anche passare il tempo passeggiando nel mio giardino, **ammirando** tutte le piante e gli animali che lo abitano. Negli anni

paukščiai, ir klausytis jų giesmių. Kartais net atsinešu knygą ir skaitau sode, apsupta viso mano sukurto grožio. **Sodininkystė** yra mano aistra ir teikia man daug džiaugsmo. Kiekviena diena mano sode yra gera diena.

Vienas iš dalykų, kuriuos mėgstu daryti, yra gaminti maistą, todėl man labai **svarbu** turėti gerai prižiūrimą prieskoninių žolelių sodą. Čiobreliai, bazilikai, raudonėliai, rozmarinai, šalavijai ir levandos - tai tik keletas žolelių, kurias mėgstu auginti savo sode, kad galėčiau jas naudoti gamindama maistą sau ar **svečiams**. Dar vienas man svarbus dalykas, kai kalbame apie mano sodą, yra užtikrinti, kad jame būtų daug spalvų. Šiam tikslui pasiekti auginu įvairias gėles, įskaitant **rožes**, lelijas, margučius, tulpes, impatiens, medetkas ir kt. Gėlėmis ne tik suteikiu spalvų, bet ir mėgstu sodui suteikti įdomumo naudodama įvairias **tekstūras.** Pavyzdžiui, po aukštomis saulėgrąžomis galiu pasodinti paparčių, o **šalia** dygliuotų dekoratyvinių žolių - hostų. Nesvarbu, kas vyksta gyvenime, darbas sode visada padeda man jaustis labiau susijusiam su gamta ir susitaikyti su savimi.

ho trascorso molte ore a lavorare per rendere il mio **giardino** un luogo non solo bello ma anche funzionale. Mi piace osservare gli uccelli che svolazzano in giro e ascoltarli cantare. A volte tiro fuori un libro e leggo in giardino, circondata da tutta la bellezza che ho creato. Il **giardinaggio** è la mia passione e mi porta tanta gioia. Ogni giorno nel mio giardino è un buon giorno.

Una delle cose che amo fare è cucinare, quindi avere un giardino di erbe aromatiche ben fornito è molto **importante** per me. Timo, basilico, origano, rosmarino, salvia e lavanda sono solo alcune delle erbe che mi piace coltivare nel mio giardino per poterle usare quando cucino per me o per gli **ospiti**. Un'altra cosa importante per me quando si tratta del mio giardino è assicurarmi che ci sia molto colore in tutto il giardino. Per raggiungere questo obiettivo, coltivo una grande varietà di fiori, tra cui **rose**, gigli, margherite, tulipani, impatiens, calendule, ecc. Oltre ad aggiungere colore con i fiori, mi piace anche aggiungere interesse utilizzando diverse **texture** in tutto il giardino. Per esempio, potrei piantare felci sotto imponenti girasoli o hosta **accanto a** spigolose erbe ornamentali. Indipendentemente da ciò che accade nella vita, lavorare nel mio giardino **riesce** sempre a farmi sentire più connessa con la natura e in pace con me stessa.

Supratimo klausimai

1. Kur yra autoriaus sodas?

2. Kiek viščiukų turi autorius?

3. Ką autorius kasdien veikia sode?

4. Kodėl autoriui patinka sodas?

5. Kokias žoleles autorius sodina sode?

6. Kodėl autoriui svarbu, kad jo sode būtų daug spalvų?

7. Kaip autorius pajvairina savo sodą?

8. Kaip autorius jaučiasi dirbdamas savo sode?

9. Kas leidžia autoriui jaustis susijusiam, kai jis yra savo sode?

10. kodėl kiekviena diena autoriaus sode yra gera diena?

Domande di comprensione

1. Dove si trova il giardino dell'autore?

2. Quanti polli ha l'autore?

3. Che cosa fa l'autore in giardino ogni giorno?

4. Perché all'autore piace il giardino?

5. Quali sono le erbe che l'autore pianta nel giardino?

6. Perché è importante per l'autore che ci siano molti colori nel suo giardino?

7. Come fa l'autore a dare varietà al suo giardino?

8. Come si sente l'autore quando lavora nel suo giardino?

9. Cosa fa sentire l'autore in sintonia quando è nel suo giardino?

10. Perché ogni giorno nel giardino dell'autore è un buon giorno?

Apsipirkinėjimas

Man patinka **apsipirkinėti** prekybos centre. Visada labai smagu vaikščioti ir apžiūrinėti įvairias parduotuves. Prekybos centre kiekvienas ras ką nors sau, be to, čia visada galima rasti puikių drabužių, batų ir aksesuarų pasiūlymų. **Paprastai** apsipirkimą pradedu eidama pro pagrindinį prekybos centro **įėjimą.** Iš ten pirmiausia einu į savo mėgstamiausias parduotuves. Apžiūrėjęs šias parduotuves, vaikštau aplinkui ir žiūriu, ar kitose vietose nevyksta išpardavimai. Paprastai prekybos centre praleidžiu porą valandų, kol galiausiai apsiperku. Apsipirkinėdamas visada mėgstu neskubėti, **nes** noriu būti tikras, kad įsigysiu **būtent** tai, ko noriu. Be to, taip tiesiog smagiau!

Man visada labai **įdomu** stebėti žmones prekybos centre. Iš to, kaip žmogus apsipirkinėja, galima daug ką pasakyti apie žmogų. Vieni žmonės yra labai metodiški ir neskuba, o kiti, atrodo, tiesiog griebia **viską, ką** gali, ir kuo greičiau eina prie kasos. Yra ir tokių pirkėjų, kuriems labiau rūpi kalbėti mobiliuoju telefonu ar rašyti žinutes, nei žiūrėti į prekes! Tačiau nesvarbu, koks pirkėjas esate, atrodo, kad visiems patinka vaikščioti po vitrinas, net jei iš tikrųjų nieko nenusiperkate. Tiesiog kažkas mane džiugina žiūrint į visus gražius daiktus parduotuvių **vitrinose.** Kartais fantazuoju,

Fare shopping

Mi piace andare **a fare shopping al** centro commerciale. È sempre molto divertente passeggiare e guardare tutti i diversi negozi. Al centro commerciale ce n'è per tutti i gusti ed è sempre un ottimo posto per trovare offerte su vestiti, scarpe e accessori. **Di solito** inizio il mio shopping attraversando l'**ingresso** principale del centro commerciale. Da lì, mi dirigo prima verso i miei negozi preferiti. Dopo aver dato un'occhiata a quei negozi, vado in giro a vedere se ci sono saldi in corso in altri posti. Di solito trascorro un paio d'ore nel centro commerciale prima di fare i miei acquisti. Mi piace sempre prendermi il tempo necessario per fare shopping, **perché** voglio essere sicura di acquistare **esattamente** ciò che voglio. In più, così è più divertente!

Trovo sempre molto **affascinante** osservare le persone mentre sono al centro commerciale. Si può capire molto di una persona dal modo in cui fa acquisti. Alcune persone sono molto metodiche e si prendono il loro tempo, mentre altre sembrano prendere **tutto quello che** possono e dirigersi alla cassa il più velocemente possibile. Ci sono anche quelli che sembrano più interessati a parlare al cellulare o a mandare messaggi piuttosto che guardare la merce! A prescindere dal tipo

kaip būtų, jei galėčiau sau leisti **viską, ką** matau! Apskritai, apsipirkinėjimas prekybos centre yra vienas iš mano mėgstamiausių užsiėmimų. Tai puikus būdas atsipalaiduoti ir pailsėti, o kartu ir šiek tiek pasportuoti (jei pakankamai vaikštote). Be to, **visada** malonu retkarčiais pasilepinti naujais marškinėliais ar batų pora!

Turėjau **ilgą** darbo dieną ir pagaliau turėjau laisvo laiko, todėl nusprendžiau apsipirkti prekybos centre. Man reikėjo naujų drabužių **artėjančiam** sezonui. Vos įžengusi į vidų pamačiau visas ryškias šviesas ir blizgančias parduotuvių vitrinas. Pirmiausia nuėjau į savo mėgstamiausią parduotuvę ir pradėjau naršyti po lentynas. Radau keletą mielų palaidinių ir pasimatavau jas persirengimo kambaryje. Žiūrėdama į save veidrodyje išgirdau, kaip kažkas įėjo į gretimą **persirengimo** kabiną. Atpažinau jo balsą kaip vieno iš savo bendradarbių. Pasisveikinome ir pradėjome kalbėtis apie darbą. Po kelių minučių abu baigėme ir išėjome **savais** keliais, bet vėliau vėl susidūrėme. Toliau kalbėjomės ir supratome, kad turime daugiau bendro, nei manėme.

di acquirente, però, sembra che a tutti piaccia guardare le vetrine, anche se non si compra nulla. C'è qualcosa che mi rende felice nel guardare tutte le belle cose nelle **vetrine** dei negozi. A volte fantastico su come sarebbe se potessi permettermi **tutto quello che** vedo! Tutto sommato, trascorrere una giornata di shopping al centro commerciale è uno dei miei passatempi preferiti. È un ottimo modo per rilassarsi e distendersi, facendo anche un po' di esercizio fisico (se si cammina abbastanza). Inoltre, è **sempre** bello concedersi una camicia o un paio di scarpe nuove ogni tanto!

Ho avuto una **lunga** giornata di lavoro e finalmente avevo un po' di tempo per me, così ho deciso di andare a fare shopping al centro commerciale. Mi servivano dei vestiti nuovi per la **prossima** stagione. Appena sono entrata, ho visto tutte le luci e le vetrine scintillanti. Mi sono diretta prima al mio negozio preferito e ho iniziato a sfogliare gli scaffali. Ho trovato alcuni top carini e li ho provati nel camerino. Mentre mi guardavo allo specchio, sentii qualcuno entrare nel **camerino** accanto al mio. Ho riconosciuto la sua voce come quella di una mia collega. Ci siamo salutati e abbiamo iniziato a chiacchierare di lavoro. Dopo qualche minuto, entrambi abbiamo finito e siamo andati per la **nostra** strada, ma ci siamo incontrati di nuovo più tardi. Abbiamo continuato a chiacchierare e ci siamo resi conto di avere in comune più di quanto pensassimo.

Supratimo klausimai

1. Kur labiausiai mėgstate saugoti?

2. Kokia yra jūsų mėgstamiausia parduotuvė prekybos centre?

3. Kiek laiko paprastai būnate prekybos centre?

4. Ką manote apie žmones, kurie daug laiko praleidžia prekybos centruose?

5. Ką labiausiai mėgstate veikti prekybos centre?

6. Ar kada nors pirkote ką nors prekybos centre, nors jums to tikrai nereikėjo?

7. Kaip reaguojate, kai prekybos centre pamatote daiktą, kuris jums labai patiktų, bet yra per brangus?

8. Ar kada nors matėte ką nors prekybos centre ir galvojote, kas tai nupirks?

9. Kokia jūsų nuomonė apie žmones, kurie, užuot apžiūrinėję parduotuves, prekybos centre užsiėmę mobiliaisiais telefonais?

Domande di comprensione

1. Dove vi piace di più conservare?

2. Qual è il vostro negozio preferito nel centro commerciale?

3. Quanto tempo si ferma di solito al centro commerciale?

4. Cosa pensa delle persone che trascorrono molto tempo al centro commerciale?

5. Qual è la cosa che preferite fare al centro commerciale?

6. Avete mai comprato qualcosa al centro commerciale quando non ne avevate davvero bisogno?

7. Come reagite quando al centro commerciale vedete qualcosa che vi piacerebbe molto, ma che costa troppo?

8. Avete mai visto qualcosa al centro commerciale e vi siete chiesti chi lo avrebbe comprato?

9. Qual è la sua opinione sulle persone che al centro commerciale sono impegnate con il cellulare invece di guardare i negozi?

Turguje

Šeštadienio rytą atsikeliu anksti, norėdamas nuvykti į **turgų,** kol jame dar nėra per daug žmonių. Apsirengiu ir išeinu pro duris, pakeliui pasiimdama daugkartinio naudojimo maišelius. Eidama pradedu planuoti, ką noriu pagaminti ateinančiai savaitei. Žinau, kad bent kartą noriu **kepti** daržoves, todėl reikės nusipirkti geros kokybės daržovių. Taip pat noriu pasigaminti sriubą arba troškinį, todėl reikės nusipirkti mėsos. Turėsiu pažiūrėti, kas atrodo gerai, kai ten nuvyksiu. Turgus yra tik už kelių kvartalų, ir aš jau matau pastatytus prekystalius ir besibūriuojančius **žmones.**

Atvykstu į turgų ir einu tiesiai prie daržovių stendo. Pasirinkimas gražus, ir aš pripildau savo krepšius įvairiausių **šviežių** produktų. Šiek tiek pabendrauju su ūkininku, ir jis man rekomenduoja keletą receptų. Nekantrauju juos išbandyti. Apsipirkdama šnekuosi su **ūkininkais, susipažįstu** su jais ir jų produktais. Įsigijusi visas man reikalingas daržoves, pereinu į mėsos skyrių. Čia šiek tiek dvejoju, nes nesu tikra, ką noriu įsigyti. Galiausiai nusprendžiu pasirinkti vištieną, nes ji yra universali ir gali būti naudojama įvairiuose patiekaluose. Taip pat perku kelis skirtingus mėsos gabalus, stengiuosi įsigyti žole šeriamos jautienos ir laisvai auginamos **vištienos.** Mėsininkas buvo draugiškas

Al mercato

Mi sveglio presto il sabato mattina, desiderosa di andare al **mercato** prima che sia troppo affollato. Mi infilo i vestiti e mi avvio verso la porta, prendendo le mie borse riutilizzabili. Mentre cammino, inizio a pianificare quello che voglio fare per la settimana a venire. So che voglio **arrostire le** verdure almeno una volta, quindi dovrò comprare delle verdure di buona qualità. Voglio anche fare una zuppa o uno stufato, quindi dovrò comprare anche della carne. Dovrò vedere cosa c'è di buono quando arriverò lì. Il mercato è a pochi isolati di distanza e vedo già le bancarelle allestite e la **gente** che vi si aggira.

Arrivo al mercato e mi dirigo subito verso il banco delle verdure. La scelta è bellissima e riempio le mie borse con una grande varietà di prodotti **freschi**. Parlo un po' con il contadino e mi consiglia alcune ricette. Non vedo l'ora di provarle. Mentre faccio la spesa, chiacchiero con i **contadini** per conoscere meglio loro e i loro prodotti. Dopo aver preso tutte le verdure che mi servono, passo al reparto carne. Qui sono un po' più titubante, perché non sono sicuro di quello che voglio prendere. Alla fine scelgo il pollo, perché è versatile e può essere utilizzato in diversi piatti. Compro anche alcuni tagli di carne diversi, assicurandomi di prendere

žmogus, visada linksmas, nors dirbo ilgai. Jis suvyniojo mano vištienos krūtinėlę ir kepsnį, o paskui papasakojo apie savo savaitgalio planus. Atsisveikinau su juo ir tęsiau kelionę. Taip pat paėmiau kiaušinių ir sūrio iš pieno produktų skyriaus.

Turguje šurmuliavo žmonės, visi norintys įsigyti šviežių produktų ir mėsos. Ore tvyrojo tirštas česnakų ir svogūnų kvapas, skambėjo juokas ir pokalbiai. Prasiskyniau kelią pro minią, rinkdamasis kitas prekes, kurių man reikėjo savaitiniam apsipirkimui. Prieš eidama prie kasos pripildžiau **krepšelį** vaisių ir daržovių, makaronų ir duonos. Eilė buvo ilga, bet greitai judėjo. Galiausiai buvo nupirkti paskutiniai **maisto produktai ir atėjo** laikas eiti namo. Automobilis buvo pakrautas, o kelionė namo buvo ilga ir varginanti. Eismas buvo intensyvus, o karštis vargino. Galiausiai automobilis įvažiavo į privažiavimą, ir palengvėjimas buvo juntamas. Namuose buvo vėsu ir ramu, tai buvo prieglobstis po turgaus **š**urmulio. Viskas buvo sudėliota, ir netrukus namuose vėl įsivyravo įprasta ramybė ir tyla. Turėjau visko, ko reikėjo, kad galėčiau pasigaminti **skanių** patiekalų sau ir savo šeimai. Buvo gera būti namuose.

carne di manzo nutrita con erba e **pollo** allevato all'aperto. Il macellaio era un uomo cordiale, sempre allegro nonostante le lunghe ore di lavoro. Mi ha incartato i petti di pollo e la bistecca prima di parlarmi dei suoi programmi per il fine settimana. Lo salutai e proseguii per la mia strada. Ho preso anche delle uova e del formaggio dal reparto latticini.

Il mercato era pieno di gente, tutti desiderosi di mettere le **mani sui** prodotti freschi e sulla carne che venivano offerti. Nell'aria si sentiva l'odore dell'aglio e delle cipolle, e il suono delle risate e delle conversazioni riempiva l'aria. Mi feci strada tra la folla, scegliendo gli altri articoli necessari per la mia spesa settimanale. Riempii il mio **cestino** di frutta e verdura, pasta e pane, prima di dirigermi alla cassa. La fila era lunga, ma si snodava rapidamente. Finalmente gli ultimi acquisti furono fatti ed era ora di tornare a casa. L'auto fu caricata e il viaggio verso casa fu lungo e noioso. Il traffico era intenso e il caldo opprimente. Alla fine l'auto entrò nel vialetto e il sollievo fu palpabile. La casa era fresca e silenziosa ed era un rifugio dopo il **trambusto** del mercato. Tutto fu messo a posto e la casa tornò presto alla sua solita pace e tranquillità. Avevo tutto il necessario per preparare dei piatti **deliziosi** per me e per la mia famiglia. Era bello essere a casa.

Supratimo klausimai

1. Kur asmuo eina?

2. Ką asmuo nori pirkti?

3. Kiek maišelių turi asmuo?

4. Kaip toli yra turgus?

5. Ką asmuo daro dabar?

6. Kas yra viskas rinkoje?

7. Kiek žmonių yra turguje?

8. Kiek laiko užtruko, kol žmogus viską nusipirko?

9. Kaip asmuo grįžo namo?

10. Ką žmogus darė grįžęs namo?

Domande di comprensione

1. Dove sta andando la persona?

2. Cosa vuole comprare la persona?

3. Quante borse ha la persona?

4. Quanto è lontano il mercato?

5. Cosa sta facendo la persona in questo momento?

6. Che cos'è il mercato?

7. Quante persone ci sono nel mercato?

8. Quanto tempo ha impiegato la persona a comprare tutto?

9. Come è tornata a casa la persona?

10. Cosa ha fatto la persona quando è tornata a casa?

Kavinėje

Buvo vėsus **rudens** rytas, ir aš buvau susitarusi susitikti su savo drauge Lily mūsų mėgstamoje kavinėje išgerti kavos. Šiltai apsivilkau paltą ir šaliką ir išsiruošiau į kelionę. Nuo medžių krito lapai, oras buvo žvarbokas, bet švietė saulė ir žadėjo gražią dieną. Eidama **galvojau apie tai, kaip** gera turėti tokią draugę kaip Lilė. Draugavome daug metų, nuo tada, kai susipažinome **universitete**. Mus siejo meilė kavai ir laiko leidimas šnekantis kavinėse. Nors dabar gyvenome skirtingose miesto dalyse, vis tiek kartą per savaitę susitikdavome išgerti kavos. Atvykau į kavinę, o Lilė jau ten laukė manęs. Pasisveikinusios apkabinome viena kitą ir užsisakėme kavos. Susiradome staliuką prie lango ir įsitaisėme kalbėtis. **Kava** buvo skani, kaip visada, ir buvo labai malonu pabendrauti su Lily. Kalbėjomės apie savo savaitę, darbą ir ateities planus. Su Lily visada buvo taip lengva kalbėtis, jaučiausi taip, lyg galėčiau jai pasakyti bet ką. Po kurio laiko pradėjome alkti ir **nusprendėme** užsisakyti maisto.

Užsisakėme maisto ir įsitaisėme prie lango. Pro langą švietė saulė, todėl viskas buvo šilta ir džiugu. Valgydami maistą kalbėjomės ir mėgavomės paprastu malonumu būti vienas kito **draugijoje**. Kavinėje buvo daug žmonių, bet ji nesijautė perpildyta. Ore tvyrojo

In un caffè

Era una fredda mattina **d'autunno** e avevo fissato un appuntamento con la mia amica Lily al nostro bar preferito per un caffè. Mi avvolsi al caldo nel cappotto e nella sciarpa e mi avviai. Le foglie cadevano dagli alberi e l'aria era pungente, ma il sole splendeva e prometteva di essere una bella giornata. Mentre camminavo, **pensavo** a quanto fosse bello avere un'amica come Lily. Eravamo amiche da anni, da quando ci eravamo conosciute all'**università**. Avevamo legato per il nostro amore per il caffè e per il tempo trascorso a chiacchierare nei bar. Anche se ora vivevamo in zone diverse della città, riuscivamo comunque a vederci per un caffè una volta alla settimana. Arrivai al caffè e Lily era già lì ad aspettarmi. Ci salutammo con un abbraccio e poi ordinammo i nostri caffè. Trovammo un tavolo vicino alla finestra e ci sedemmo a chiacchierare. Il **caffè** era delizioso, come sempre, ed è stato così bello recuperare il tempo perduto con Lily. Parlammo della nostra settimana, dei nostri lavori e dei nostri progetti per il futuro. Era sempre così facile parlare con Lily e mi sembrava di poterle dire tutto. Dopo un po' cominciammo ad avere fame e **decidemmo** di ordinare qualcosa da mangiare.

Ordinammo il cibo e trovammo posto vicino alla

ramybės ir pasitenkinimo jausmas. Kai baigėme
valgyti, dar kurį laiką pasėdėjome ir tiesiog mėgavomės
ramia **atmosfera**. Kurį laiką kalbėjomės apie įvairius
dalykus, kurie vyko mūsų gyvenime. Buvo labai malonu
pabendrauti su draugu ir tiesiog **atsipalaiduoti**.
Pro langą švietė saulė, ir atrodė, kad **niekas negali**
sugadinti mūsų tobulos dienos.

Staiga išgirdau garsų trenksmą. Atsisukęs pamačiau,
kad pro lubas iškrito vyras ir guli ant grindų priešais
mus. Jis buvo **apsiklojęs** dulkėmis ir nuolaužomis ir
atrodė be sąmonės. Abu su draugu buvome šokiruoti,
žiūrėdami į ant grindų gulintį vyrą. Nežinojome, ką
daryti ir kam skambinti pagalbos. Tiesiog sėdėjome ir
žiūrėjome į jį, nežinodami, ką daryti. Po kelių minučių
atsitokėjau ir paskambinau į policiją. Operatorė
pasakė, kad netrukus kas nors atvyks. Padėjau ragelį
ir papasakojau draugui, ką pasakė **operatorius.** Abu
sėdėjome ir laukėme, kol atvyks pagalba. Atrodė,
kad tai truko visą amžinybę, bet galiausiai **pasirodė**
greitosios pagalbos automobilis. Greitosios pagalbos
medikai įbėgo į vidų ir pradėjo dirbti su vyru. Jie greitai
nustatė, kad jis sužeistas ir jį reikia vežti į **ligoninę.**

finestra. Il sole entrava dalla finestra, rendendo tutto più caldo e felice. Chiacchierammo mentre mangiavamo, godendoci il semplice piacere di stare in **compagnia**. Il caffè era affollato, ma non sembrava affollato. C'era una sensazione di pace e soddisfazione nell'aria. Finito il cibo, ci sedemmo ancora per un po', godendoci l'**atmosfera** tranquilla. Abbiamo parlato per un po' di cose diverse che stavano accadendo nelle nostre vite. È stato così bello recuperare il tempo perduto con la mia amica e **rilassarsi**. Il sole splendeva attraverso la finestra e sembrava che **nulla** potesse rovinare la nostra giornata perfetta.

All'improvviso sentii un forte schianto. Mi girai e vidi che un uomo era caduto dal soffitto e giaceva sul pavimento di fronte a noi. Era **coperto** di polvere e detriti e sembrava privo di sensi. Io e il mio amico eravamo entrambi sotto shock mentre fissavamo l'uomo steso sul pavimento. Non sapevamo cosa fare o chi chiamare aiuto. Rimanemmo lì a fissarlo, senza sapere cosa fare. Dopo qualche minuto mi sono ripreso e ho chiamato il 911. L'operatore mi disse che qualcuno sarebbe arrivato presto. Riattaccai il telefono e raccontai al mio amico quello che mi aveva detto l'**operatore**. Rimanemmo entrambe sedute ad aspettare l'arrivo dei soccorsi. Sembrava un'eternità, ma alla fine **arrivò** un'ambulanza. I paramedici si precipitarono e iniziarono a lavorare sull'uomo. Hanno subito stabilito che era ferito e che doveva essere portato in **ospedale**.

Supratimo klausimai

1. Iš kur atsiranda žmogus, kuris iškrenta pro stogą?

2. Kodėl moteris su draugu yra kavinėje?

3. Kokia yra mėgstamiausia dviejų draugų kavinė?

4. Kiek laiko abu draugai pažįsta vienas kitą?

5. Koks yra mėgstamiausias dviejų draugų gėrimas?

6. Kokiame mieste gyvena du draugai?

7. Kaip dažnai susitinka du draugai?

8. Apie ką kalbasi du draugai, pirmą kartą susitikę savo mėgstamoje kavinėje?

9. Koks yra mėgstamiausias šių dviejų draugų maistas?

10. Kodėl taip lengva kalbėtis su Lily?

Domande di comprensione

1. Da dove viene l'uomo che cade dal tetto?

2. Perché la donna è con la sua amica nel caffè?

3. Qual è il caffè preferito dai due amici?

4. Da quanto tempo i due amici si conoscono?

5. Qual è la bevanda preferita dai due amici?

6. In quale città vivono i due amici?

7. Quanto spesso si incontrano i due amici?

8. Di cosa parlano i due amici quando si incontrano per la prima volta nel loro caffè preferito?

9. Qual è il cibo preferito dai due amici?

10. Perché è così facile parlare con Lily?

Plaukimas

Baseinas visada buvo **gaivi** vieta, ir šiandien buvo
ne kitaip. Švietė saulė, o vanduo atrodė viliojantis.
Giliai įkvėpiau ir pasinėriau į vandenį, jausdama vėsų
vandens glėbį. Kurį laiką plaukiau ratus, mėgaudamasi
mankšta ir galimybe išvalyti galvą. Po kurio laiko
išlipau, nusišluosčiau ir atsisėdau ant rankšluosčio
atsipalaiduoti saulėje. Užmerkiau akis ir leidau
šilumai mane užlieti, pajutau, kaip raumenys pradeda
atsipalaiduoti. Staiga išgirdau šniokštimą, atmerkiau
akis ir pamačiau savo mažąją sesutę, **irkluojančią**
seklumoje. Šyptelėjau ir kurį laiką stebėjau ją, tada
atsistojau ir priėjau prie jos. Šiek tiek pabendravome
ir irklavome kartu, džiaugdamiesi viena kitos draugija.
Netrukus prie mūsų prisijungė tėvai, ir likusią popietės
dalį praleidome kartu plaukiodami ir žaisdami žaidimus.
Visada buvo labai malonu leisti laiką su šeima
baseine. Atrodo, kad buvimas vandenyje **kažkuo**
suartina žmones. Galbūt todėl, kad būdami vandenyje
visi esame lygūs - negalime slėpti savo trūkumų ar
apsimesti tuo, kuo nesame. O gal tiesiog todėl, kad
tai smagu! **Kad ir kokia būtų** priežastis, aš tiesiog
džiaugiausi, kad visi galėjome susirinkti ir pasidžiaugti
vieni kitų draugija tokioje ypatingoje vietoje.

Saulė kepino mano odą, o ore tvyrojo chloro kvapas.

Andare a nuotare

La piscina era sempre un luogo **rinfrescante** e oggi non era diverso. Il sole splendeva e l'acqua sembrava invitante. Feci un respiro profondo e mi tuffai, sentendo il fresco abbraccio dell'acqua. Nuotai per un po', godendomi l'esercizio e la possibilità di schiarirmi le idee. Dopo un po' uscii e mi asciugai, poi mi sedetti su un asciugamano per rilassarmi al sole. Chiusi gli occhi e lasciai che il **calore** mi avvolgesse, sentendo i miei muscoli iniziare a rilassarsi. All'improvviso sentii uno spruzzo e aprii gli occhi per vedere la mia sorellina **che sguazzava** nel basso fondale. Sorrisi e la osservai per un po', poi mi alzai e mi avvicinai a lei. Chiacchierammo per un po' e pagaiarono insieme, godendo della reciproca compagnia. Presto i nostri genitori ci raggiunsero e passammo il resto del pomeriggio nuotando e giocando insieme. Era sempre così bello passare del tempo con la famiglia in piscina. C'è **qualcosa** nello stare in acqua che sembra unire le persone. Forse perché quando siamo in acqua siamo tutti uguali, non possiamo nascondere i nostri difetti o fingere di essere ciò che non siamo. O forse è solo perché è divertente! **Qualunque sia** la ragione, mi ha fatto piacere che ci siamo riuniti tutti insieme e che ci siamo goduti la reciproca compagnia in un luogo così speciale.

Girdėjau, kaip vaikai juokiasi ir pliuškenasi baseine. Gulėjau ant **poilsio** kėdės šalia baseino, kaitinausi saulėje ir **mėgavausi** diena. Buvau užmerkęs akis ir jau ketinau užmigti, kai išgirdau, kad kažkas eina prie manęs. Atvėriau akis ir pamačiau šalia manęs stovinčią moterį. Ji vilkėjo bikinį ir buvo apsivyniojusi juosmenį rankšluosčiu. Ji turėjo ilgus šviesius plaukus ir mėlynas akis. Rankoje ji laikė buteliuką **kremo nuo saulės.** "Ar neprieštarausi, jei patepsiu tau nugarą kremu nuo saulės?" - paklausė ji. "Ne, viskas gerai", - pasakiau atsisėsdamas, kad ji galėtų pasiekti mano nugarą. Pajutau, kaip ji tepdama kremo nuo saulės patepė mano odą.

Jos prisilietimas buvo švelnus, o kremo nuo saulės kvapas ramino. Vėl užmerkiau akis ir leidau sau atsipalaiduoti. Girdėjau, **kaip** ji juda, bet akių neatvėriau. Buvau patenkintas tiesiog gulėdamas saulėje ir klausydamasis į krantą **atsimušančių** bangų ošimo. Po kelių minučių ji nuėjo, ir aš atmerkiau akis. Stebėjau, kaip ji grįžo prie savo poilsio kėdės ir pasiėmė knygą. Ji įsitaisė ant kėdės ir pradėjo skaityti. Vėl užmerkiau akis ir leidau sau užmigti. **Sapnavau,** kad plaukioju baseine, sukdama ratus pirmyn ir atgal. Vanduo gaivino ir vėsino mano odą.

Il sole batteva sulla mia pelle e l'odore di cloro era nell'aria. Sentivo il rumore dei bambini che ridevano e sguazzavano nella piscina. Ero sdraiata su una sedia a **sdraio** accanto alla piscina, a prendere il sole e a **godermi la** giornata. Avevo gli occhi chiusi e stavo per addormentarmi quando sentii qualcuno avvicinarsi a me. Aprii gli occhi e vidi una donna in piedi accanto a me. Indossava un bikini e aveva un asciugamano avvolto intorno alla vita. Aveva lunghi capelli biondi e occhi azzurri. Aveva in mano un flacone di **crema solare**. "Ti dispiace se ti metto un po' di crema solare sulla schiena?", mi chiese. "No, va bene", risposi, sedendomi in modo che potesse raggiungermi la schiena. Sentii le sue mani sulla mia pelle mentre applicava la crema solare.

Il suo tocco era delicato e il profumo della crema solare era rilassante. Chiusi di nuovo gli occhi e mi rilassai. Sentivo il **rumore** dei suoi movimenti, ma non aprii gli occhi. Mi accontentai di stare sdraiato al sole, ascoltando il rumore delle onde **che si infrangevano** sulla riva. Dopo qualche minuto si allontanò e io aprii gli occhi. La guardai mentre tornava alla sua poltrona e prendeva il suo libro. Si sistemò sulla sedia e iniziò a leggere. Chiusi di nuovo gli occhi e mi lasciai andare al sonno. **Sognai** che stavo nuotando in piscina, facendo dei giri avanti e indietro. L'acqua era rinfrescante e fresca sulla mia pelle.

Supratimo klausimai

1. Kur buvo pasakotojas, kai pradėjo pasakojimą?

2. Kokį kvapą jaučia pasakotojas, kai atveria akis?

3. Ką pasakotojas išgirsta, kai atveria akis?

4. Kieno kremą nuo saulės moteris duoda pasakotojui?

5. Apie ką svajoja pasakotojas?

6. Kodėl pasakotojui maudynės jūroje yra tokios ypatingos?

7.Kaip jaučiasi vanduo, kuriame plaukia pasakotojas?

8. Ką pasakotojas mato išlipęs iš vandens?

9. Ką moteris daro po to, kai patepa pasakotoją kremu nuo saulės?

10. Apie ką pasakotojas ir moteris kalbasi pasakojimo pabaigoje?

Domande di comprensione

1. Dove si trovava il narratore quando ha iniziato la storia?

2. Che odore sente il narratore quando apre gli occhi?

3. Cosa sente il narratore quando apre gli occhi?

4. Di chi è la crema solare che la donna dà al narratore?

5. Che cosa sogna il narratore?

6. Perché il bagno in mare è così speciale per il narratore?

7.Come si sente l'acqua in cui nuota il narratore?

8. Cosa vede il narratore quando esce dall'acqua?

9. Cosa fa la donna dopo aver messo la crema solare al narratore?

10. Di che cosa parlano il narratore e la donna alla fine della storia?

Vejos pjovimas

Vasaros **šeštadienis**, 10 val. ryto, ir saulė jau negailestingai kepina. Eini į garažą pasiimti vejapjovės ir jautiesi tarsi **pasmerktas** sunkiam darbui. Pradedate pjauti veją, stengdamiesi važiuoti lėtai, kad nepraleistumėte nė vienos vietos. Pjaudami galvojate, kaip gera būti lauke, gryname ore. Kai pradedate stumdyti vejapjovę pirmyn ir atgal per veją, **akies** krašteliu pamatote kaimyną. Palinkčiojate ir pasisveikinate, o jis jums atsako.

Po kelių minučių baigsite ir nueisite pas kaimyną į sodą išgerti alaus. **Puiki** diena - ne per karšta, pučia švelnus vėjelis. Sėdite medžio pavėsyje, gurkšnojate alų ir šnekučiuojatės su kaimynu. Tokios dienos priverčia vertinti vasarą. Tuomet **einate** į vidų išgerti užtarnauto alaus. Atsisėdate ant kėdės verandoje ir atplėšiate skardinę, patenkintas atsikvėpdamas. Žoliapjovės garsas nutyla, o jūs atsipalaiduojate pavėsyje ir mėgaujatės akimirkos **ramybe.** Po sunkaus darbo karštyje alaus skonis itin geras. Jau ketinau eiti į vidų, kai išgirdau triukšmą šalia.

Atrodė, kad kažkas verkia. Nustojau pjauti ir priėjau prie mūsų kiemus skiriančios tvoros. Pasižiūrėjau ir pamačiau kaimynę, ponią Džonson, verkiančią ant

Tagliare il prato

Sono le 10 del mattino di un **sabato** estivo e il sole picchia già senza pietà. Si va in garage a prendere il tosaerba, con la sensazione di essere **condannati** ai lavori forzati. Iniziate a tagliare il prato, facendo attenzione ad andare piano per non perdere nessun punto. Mentre si taglia, si pensa a quanto sia bello stare all'aria aperta. Mentre iniziate a spingere il tosaerba avanti e indietro per il prato, con la coda dell'**occhio** vedete il vostro vicino. Lo salutate con la mano e lui ricambia.

Dopo qualche minuto, avete finito e vi recate a casa del vostro vicino per bere una birra con lui nel giardino davanti a casa. È una giornata **perfetta**: non fa troppo caldo e soffia una leggera brezza. Ci si siede all'ombra dell'albero, sorseggiando la birra e chiacchierando con il vicino. Sono giornate come questa che fanno apprezzare l'estate. Poi si **entra** in casa per una meritata birra. Ci si sdraia su una sedia del portico e si apre la lattina, tirando un sospiro soddisfatto. Il rumore del tosaerba passa in secondo piano mentre vi rilassate all'ombra, godendovi la **tranquillità del** momento. La birra ha un sapore ancora più buono dopo tutto quel duro lavoro al caldo. Stavo per rientrare in casa quando ho sentito un rumore nella stanza accanto.

verandos sūpynių. Šaukiau ją, bet ji manęs negirdėjo. Perlipau per tvorą ir priėjau prie jos. "Ponia Džonson, ar jums viskas gerai?" Paklausiau. Ji pažvelgė į mane su ašaromis akyse ir papurtė galvą. "Ne, man ne viskas gerai", - pasakė ji. "Vakar mirė mano katė." Buvau sukrėsta. Nežinojau, ką atsakyti. Tiesiog nejaukiai stovėjau, nežinodama, ką daryti. Galiausiai uždėjau jai ranką ant **peties** ir pasakiau: "Man labai gaila, ponia Džonson. Jei galiu kuo nors padėti, praneškite man. " Ji papurtė galvą ir pasakė: "Ne, niekas **nieko negali** padaryti". Tuomet ji atsistojo ir nuėjo į savo namų vidų. Akimirką stovėjau nežinodamas, ką daryti. Tada grįžau prie vejos pjovimo. Baigdamas pjauti negalėjau negalvoti apie ponią Džonson ir jos katę.

Sembrava che qualcuno stesse piangendo. Smisi di falciare e mi avvicinai alla recinzione che separava i nostri cortili. Mi affacciai e vidi la mia vicina, la signora Johnson, che piangeva sul dondolo del suo portico. La chiamai, ma non mi sentì. Scavalcai la recinzione e mi avvicinai a lei. "Signora Johnson, sta bene?". Le chiesi. Lei mi guardò con le lacrime agli occhi e scosse la testa. "No, non sto bene", disse. "Ieri è morto il mio gatto". Ero scioccato. Non sapevo cosa dire. Rimasi lì impacciato, senza sapere cosa fare. Alla fine le misi una mano sulla **spalla** e dissi: "Mi dispiace molto, signora Johnson. Se posso fare qualcosa per aiutarla, me lo faccia sapere". "Lei scosse la testa e disse: "No, nessuno può fare **niente**". Poi si alzò ed entrò in casa sua. Rimasi lì per un momento, senza sapere cosa fare. Poi tornai a tagliare il prato. Mentre finivo, non potei fare a meno di pensare alla signora Johnson e al suo gatto.

Supratimo klausimai

1. Kiek valandų?

2. Kur asmuo pjauna?

3. Kaip žmogus jaučiasi?

4. Kodėl žmogus turi pjauti lėtai?

5. Koks oras?

6. Ką žmogus daro po šienavimo?

7. Ką žmogus išgirsta prieš grįždamas namo?

8. Kas yra su ponia Džonson?

9. Kodėl ponia Johnson verkia?

10. ką asmuo sako poniai Džonson?

Domande di comprensione

1. Che ora è?

2. Dove si trova la persona che sta falciando?

3. Come si sente la persona?

4. Perché la persona deve falciare lentamente?

5. Che tempo fa?

6. Cosa fa la persona dopo la falciatura?

7. Cosa sente la persona prima di tornare a casa?

8. Chi è con la signora Johnson?

9. Perché la signora Johnson piange?

10. Cosa dice la persona alla signora Johnson?

Kirpimas

Jau kelias savaites norėjau kirptis, bet vis atidėliodavau. Tačiau artėjant **Kalėdoms** žinojau, kad nebegalėsiu ilgiau atidėlioti. Nenorėjau ateiti į šeimos kalėdinę vakarienę atrodydama kaip susivėlusi. Taigi ankstyvą Kalėdų rytą nuėjau į saloną. Nors buvo anksti, salone jau buvo daug žmonių, kurie švenčių proga **darėsi** šukuosenas. Užėmiau vietą eilėje ir laukiau savo eilės. Pagaliau atėjo mano eilė į kėdę. Stilistė, draugiška moteris, vardu Jill, paklausė, ko noriu. "Tik pakirpti, nieko labai drastiško", - atsakiau. Džilė ėmėsi darbo ir nukirpo mano plaukus. Jai dirbant pradėjau atsipalaiduoti. Buvo gera pagaliau pasirūpinti savimi. Pastaruoju metu buvau tokia užsiėmusi, rūpinausi visais kitais, kad savo poreikius palikau nuošalyje. Bet **dabar taip** nebėra. Nuo šiol ketinau skirti laiko sau.

Kai Jill baigė, pažvelgiau į veidrodį ir likau patenkinta tuo, ką pamačiau. Mano plaukai atrodė tvarkingi ir išpuoselėti - puikiai tiko šventiniams susitikimams. **Padėkojau** Jill ir pasižymėjau, **kad** grįžčiau dažniau. Nuo šiol pirmiausia rūpinsiuosi savimi. Ji ėmėsi darbo ir nukirpo mano plaukus. Pagalvojau, kokia esu dėkinga, kad pagaliau pasiryžau kirptis. Buvo gera žinoti, kad per Kalėdų **vakarienę** atrodysiu išvaizdžiai. Daugiau nebereikės jaudintis, kad šeima erzins mane dėl mano

Tagliarsi i capelli

Erano settimane che volevo tagliarmi i capelli, ma
in qualche modo riuscivo sempre a rimandare. Ma
con il **Natale** alle porte, sapevo che non potevo più
rimandare. Non volevo presentarmi alla cena di Natale
della mia famiglia con un aspetto trasandato. Così,
la mattina presto di Natale, mi sono recata al salone.
Anche se era presto, il salone era già pieno di persone
che **si facevano** fare i capelli per le feste. Presi posto
nella fila e aspettai il mio turno. Finalmente arrivò il
mio turno sulla poltrona. La parrucchiera, una donna
gentile di nome Jill, mi chiese cosa volessi. "Solo una
spuntatina, niente di troppo drastico", risposi. Jill si
mise al lavoro, tagliando i miei capelli. Mentre lavorava,
cominciai a rilassarmi. Mi sentivo bene a prendermi
finalmente cura di me stessa. Ultimamente ero stata
così occupata a correre in giro per prendermi cura di
tutti gli altri, che avevo lasciato cadere in secondo piano
i miei bisogni. Ma **ora** non **più**. D'ora in poi avrei trovato
il tempo per me stessa.

Quando Jill ha finito, mi sono guardata allo specchio
e sono rimasta soddisfatta di ciò che ho visto. I miei
capelli avevano un aspetto ordinato e curato, perfetto
per le feste. **Ringraziai** Jill e presi **nota** di tornare
più spesso. D'ora in poi mi prenderò cura di me

"netašytos" išvaizdos. Po kelių minučių stilistas baigė kirpti mano plaukus ir greitai juos išdžiovino. Pažvelgiau į veidrodį ir buvau patenkinta tuo, ką pamačiau - švariai kirpta išvaizda, kuri puikiai tiks Kalėdų vakarienei. Dabar, kai šukuosena jau buvo baigta, galėjau susitelkti į tai, kad galėčiau mėgautis švente su šeima. Už tai buvau dar dėkingesnė.

Jaučiausi labai **laisvai ir** man patiko, kaip atrodė mano nauja šukuosena. Sumokėjusi už kirpimą, grįžau namo ir pradėjau pakuotis daiktus į kelionę. **Negalėjau** sulaukti, kada galėsiu parodyti savo naują išvaizdą šeimai ir draugams. Žinojau, kad jie nustebs mane pamatę. Skrydžio dieną į oro uostą atvykau turėdama daug laisvo laiko. Be problemų praėjau saugumo patikrą ir netrukus jau buvau pakeliui. Vos tik pasiekiau kelionės tikslą, pajutau ore tvyrantį jaudulį. Kalėdos neabejotinai tvyrojo ore! Oro uoste manęs pasitiko mano šeima, kuri buvo nustebusi dėl mano naujos šukuosenos. Kitas kelias dienas praleidome **bendraudami** ir džiaugdamiesi vieni kitų **draugija**.

stessa prima di tutto. Si mise al lavoro per tagliare i miei capelli. Pensai a quanto fossi grata di essermi finalmente decisa a tagliarmi i capelli. Era bello sapere che sarei stata presentabile per la **cena** di Natale. Non avrei più dovuto preoccuparmi che la mia famiglia mi prendesse in giro per il mio aspetto "trasandato". Dopo qualche minuto, la parrucchiera finì di tagliarmi i capelli e mi diede una rapida asciugata. Mi guardai allo specchio e fui felice di ciò che vedevo: un look pulito che sarebbe stato perfetto per la cena di Natale. Ora che il taglio di capelli era stato superato, potevo concentrarmi sulle vacanze con la mia famiglia. Ed ero ancora più grata per questo.

Mi sentivo così **libera** e adoravo l'aspetto del mio nuovo taglio di capelli. Dopo aver pagato il taglio, sono tornata a casa e ho iniziato a fare i bagagli per il mio viaggio. **Non** vedevo l'ora di mostrare il mio nuovo look alla mia famiglia e ai miei amici. Sapevo che sarebbero rimasti sorpresi quando mi avrebbero visto. Il giorno del volo sono arrivata all'aeroporto con molto tempo a disposizione. Ho superato i controlli di sicurezza senza problemi e presto sono partita. Non appena arrivai a destinazione, sentii l'eccitazione nell'aria. Il Natale era decisamente nell'aria! La mia famiglia era lì ad accogliermi all'aeroporto ed erano tutti stupiti del mio nuovo taglio di capelli. Abbiamo trascorso i giorni successivi a **chiacchierare** e a goderci la reciproca **compagnia**.

Supratimo klausimai

1. Ką pagrindinis veikėjas turėjo nuveikti iki Kalėdų?

2. Kaip veikėja jautėsi rūpindamasi savimi?

3. Kas kirpo veikėjo plaukus?

4. Kodėl veikėjos šeima ketino ją erzinti?

5. Kaip pagrindinė veikėja jautėsi po to, kai nusikirpo plaukus?

6. Ką veikėja darė nusikirpusi plaukus?

7. Kokia buvo pagrindinės veikėjos šeimos reakcija į jos šukuoseną?

8. Ką veikėjas veikė Kalėdų išvakarėse?

9. Kuo veikėjo patirtis buvo ypatingesnė?

10. Kas nutiktų, jei pagrindinis veikėjas nenusikirptų?

Domande di comprensione

1. Che cosa doveva fare il protagonista prima di Natale?

2. Come si è sentita la protagonista nel prendersi cura di sé?

3. Chi ha tagliato i capelli al protagonista?

4. Perché la famiglia della protagonista la prendeva in giro?

5. Come si è sentita la protagonista dopo essersi tagliata i capelli?

6. Che cosa ha fatto la protagonista dopo essersi tagliata i capelli?

7. Qual è stata la reazione della famiglia della protagonista al suo taglio di capelli?

8. Che cosa ha fatto il protagonista la vigilia di Natale?

9. Cosa ha reso più speciale l'esperienza del protagonista?

10. Cosa succederebbe se il protagonista non si tagliasse i capelli?

Parkas

Saulė leidosi, o parkas buvo tuščias. Sėdėjau ant suoliuko ir laukiau **draugo**. Buvome suplanavusios čia susitikti prieš valandą, bet ji visada vėluodavo. Kai jau ketinau pasiduoti ir eiti namo, pamačiau ją bėgančią link manęs. "Man labai gaila, - dūsavo ji, kai pasiekė suoliuką. "Mano traukinys **vėlavo.**" "Viskas gerai", - pasakiau **atlaidžiai**. "Ką tik atvažiavau." Sėdėjome ir kurį laiką kalbėjomės, pasakodami apie vienas kito gyvenimą nuo paskutinio susitikimo. Pokalbis vyko **lengvai,** ir atrodė, kad nuo paskutinio pasimatymo nepraėjo nė kiek laiko. Saulei nusileidus atsisveikinome ir išėjome savais keliais. Kitą kartą susitikome kitame parke. Ji ir vėl vėlavo, bet aš tam neprieštaravau. Buvo malonu turėti žmogų, su kuriuo galėčiau pasikalbėti ir kuris mane **suprastų.** Kalbėjomės apie savo svajones ir **siekius, apie** tai, ką norėtume nuveikti gyvenime. Ji papasakojo apie savo planus keliauti po pasaulį, o aš papasakojau apie savo svajonę tapti rašytoju. Saulei nusileidus dar vieną dieną, mes dar kartą atsisveikinome, pažadėję šį kartą palaikyti ryšį.

Bėgo metai, o mūsų **draugystė** išliko tvirta, nors dabar gyvenome skirtingose šalies dalyse. Palaikėme ryšį laiškais ir retkarčiais skambindami telefonu, dalydamiesi naujienomis apie savo gyvenimą. Kai ji pranešė, kad

Il parco

Il sole stava tramontando e il parco era vuoto. Mi sedetti sulla panchina ad aspettare la mia **amica**. Avevamo programmato di incontrarci qui un'ora fa, ma lei era sempre in ritardo. Proprio quando stavo per arrendermi e tornare a casa, la vidi correre verso di me. "Mi dispiace tanto", ansimò quando raggiunse la panchina. "Il mio treno è **in ritardo**". "Non c'è problema", dissi **con indulgenza**. "Sono appena arrivato anch'io". Ci siamo seduti e abbiamo chiacchierato per un po', aggiornandoci sulle nostre vite dall'ultima volta che ci siamo visti. La conversazione è fluita **facilmente** e ci è sembrato che non fosse passato affatto del tempo dall'ultima volta che ci siamo visti. Al tramonto ci siamo salutati e abbiamo preso strade diverse. La volta successiva ci incontrammo in un altro parco. Anche in questo caso era in ritardo, ma non mi dispiaceva. Era bello avere qualcuno con cui parlare che mi **capisse**. Parlammo dei nostri sogni e delle nostre **aspirazioni**, delle cose che volevamo fare nella nostra vita. Lei mi parlò dei suoi progetti di viaggiare per il mondo e io le confidai il mio sogno di diventare scrittrice. Al tramonto di un altro giorno, ci siamo salutate ancora una volta, promettendo di tenerci in contatto questa volta.

Gli anni sono passati e la nostra **amicizia** è rimasta forte, anche se ora viviamo in zone diverse del Paese.

ketina ištekėti, **nenustebau -** ji visada buvo **nuotykių mėgėja**. Bet kai ji manęs paklausė, ar būčiau jos pamergė vestuvių ceremonijoje, kuri vyko pusę pasaulio nuo mano gyvenamosios vietos... reikėjo įtikinėti! Galiausiai negalėjau leisti savo geriausiai draugei ištekėti be manęs šalia, todėl, nepaisydama savo baimių (ir po ilgų jos maldavimų!), **sutikau** vykti kartu ir **patirti, kaip paaiškėjo,** gyvenimo **nuotykį.**

Pagaliau atėjo **vestuvių** diena. Nervinausi, bet džiaugiausi galėdama dalyvauti tokioje svarbioje draugės gyvenimo akimirkoje. Ceremonija buvo graži, ir ji atrodė laiminga, kai sakė įžadus. **Po vestuvių** surengėme didžiulį vakarėlį - atrodė, kad visi jos pažįstami atvyko švęsti kartu su ja! Tai buvo **stebuklinga** diena, kurios niekada nepamiršiu, o mūsų draugystė po šio nuotykio tik sustiprėjo. Dabar, praėjus daugeliui metų, vis dar palaikome ryšį. Nuo tada, kai susipažinome, abi labai **pasikeitėme,** tačiau mūsų draugystė kaip niekada stipri. Kai susitinkame - nesvarbu, ar tai būtų parke, ar **pusiaukelėje, -** atrodo, kad laiko visai nepraėjo.

Ci siamo tenute in contatto tramite lettere e telefonate occasionali, condividendo le notizie della nostra vita. Quando annunciò che si sarebbe sposata, non ne fui **sorpreso**: era sempre stata un tipo **avventuroso**. Ma quando mi ha chiesto di farle da damigella d'onore alla cerimonia di matrimonio che si sarebbe svolta a metà strada dal luogo in cui vivevo... c'è voluto un po' per convincerla! Alla fine, però, non potevo permettere che la mia migliore amica si sposasse senza di me al suo fianco, così, nonostante le mie paure (e dopo molte suppliche da parte sua!), ho **accettato** di partecipare a quella che si è rivelata l'**avventura** di una vita.

Finalmente è arrivato il giorno del **matrimonio**. Ero nervosa, ma entusiasta di partecipare a un momento così importante della vita della mia amica. La cerimonia è stata bellissima e lei sembrava felice mentre pronunciava le sue promesse. **Dopo**, abbiamo festeggiato con una grande festa: sembrava che tutti i suoi conoscenti fossero venuti a festeggiare con lei! È stato un giorno **magico** che non dimenticherò mai, e la nostra amicizia si è rafforzata dopo quell'avventura. Ora, a distanza di anni, ci teniamo ancora in contatto. Siamo **cambiate** molto da quando ci siamo conosciute, ma la nostra amicizia è più forte che mai. Ogni volta che ci incontriamo, che sia in un parco o **dall'altra parte del** mondo, sembra che il tempo non sia mai passato.

Supratimo klausimai

1. Kur autorė ir jos draugas pirmą kartą susitiko?

2. Kodėl autoriaus draugas pavėlavo į susitikimą?

3. Apie ką draugai kalbėjosi, kai po metų vėl susitiko?

4. Kaip autorė jautėsi dalyvaudama draugės vestuvių ceremonijoje?

5. Apibūdinkite vestuvių ceremonijos aplinką.

6. Kaip laikui bėgant keitėsi šių dviejų moterų draugystė?

7. Kokia yra autoriaus svajonė?

8. Kur planuoja keliauti autoriaus draugas?

9. Kodėl autorė nedrįso dalyvauti draugės vestuvių ceremonijoje?

Domande di comprensione

1. Dove si sono incontrati per la prima volta l'autrice e la sua amica?

2. Perché l'amico dell'autore è arrivato in ritardo all'incontro?

3. Di che cosa hanno parlato gli amici quando si sono rivisti anni dopo?

4. Come si è sentita l'autrice ad assistere alla cerimonia di matrimonio della sua amica?

5. Descrivete l'ambientazione della cerimonia nuziale.

6. Come è cambiata l'amicizia tra le due donne nel corso del tempo?

7. Qual è il sogno dell'autore?

8. Dove intende viaggiare l'amico dell'autore?

9. Perché l'autrice esitava a partecipare alla cerimonia di matrimonio della sua amica?